MOVIDO A GASOLINA

MOVIDO A
GASOLINA

CASSIO CORTES

MOVIDO A GASOLINA

● As melhores reportagens & bastidores inéditos dos
20 anos de carreira do apresentador do **Acelerados**

EDITORA
Labrador

Copyright © 2020 de Cassio Cortes
Todos os direitos desta edição reservados à Editora Labrador.

Coordenação editorial
Pamela Oliveira

Preparação de texto
Maurício Katayama

Projeto gráfico, diagramação e capa
Felipe Rosa

Revisão
Laila Guilherme

Assistência editorial
Gabriela Castro

Imagem de capa
Rafael Munhoz

Dados Internacionais de Catalogação na Publicação (CIP)
Angélica Ilacqua – CRB-8/7057

Cortes, Cassio
  Movido a gasolina : as melhores reportagens & bastidores inéditos dos 20 anos de carreira do apresentador do Acelerados / Cassio Cortes. – São Paulo : Labrador, 2020.
  240 p. : il., color.

ISBN 978-65-5625-039-7

1. Jornalismo automotivo 2. Cortes, Cassio – Biografia 3. Repórteres e reportagens 4. Carros – Crônicas I. Título

20-2384   CDD 070.92

Índice para catálogo sistemático:
1. Jornalistas - Biografia

EDITORA
Labrador

Editora Labrador
Diretor editorial: Daniel Pinsky
Rua Dr. José Elias, 520 – Alto da Lapa
05083-030 – São Paulo – SP
+55 (11) 3641-7446
contato@editoralabrador.com.br
www.editoralabrador.com.br
facebook.com/editoralabrador
instagram.com/editoralabrador

A reprodução de qualquer parte desta obra é ilegal e configura uma apropriação indevida dos direitos intelectuais e patrimoniais do autor.

A editora não é responsável pelo conteúdo deste livro. O autor conhece os fatos narrados, pelos quais é responsável, assim como se responsabiliza pelos juízos emitidos.

À Professora Helena, por me criar jornalista.

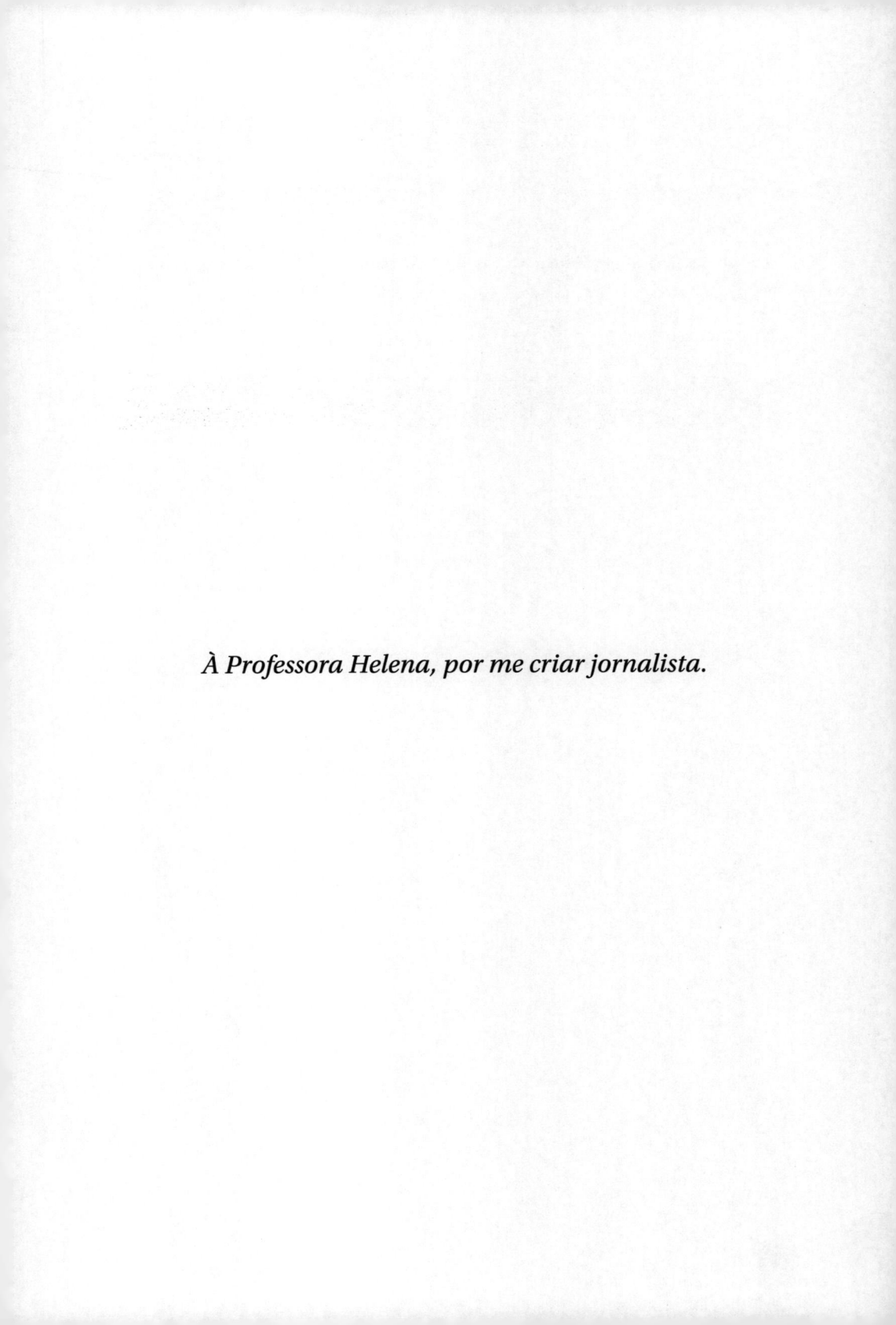

SUMÁRIO

Introdução 11

PARTE I – VIDA ACELERADA 15

    1 – De Senna em "Silvastone" 19
    Os primeiros no mundo a acelerar a McLaren Senna em Silverstone

    2 – Daikoku Futo 29
    Brasileiros e o *car culture* no Japão

    3 – Holiday on Ice 38
    Pilotando no Círculo Polar Ártico

    4 – De Volta para o Velo Città 49
    Extravagâncias com um DeLorean DMC-12 no *Back to the Future Day*

    5 – Estrada dos Anjos 56
    A Melhor Cidade (e a Melhor Estrada) do Mundo para Quem Ama Carros

PARTE II – REPÓRTER À SOLTA 67

    6 – Eu e Vettel, Vettel e Eu 73
    Doze anos de estórias, coberturas e até desafios na pista contra Sebastian Vettel

    7 – Mar de Lama 81
    Acelerando na "Fórmula 1 da Amazônia": a Corrida de Jericos Motorizados

    8 – Inferno Verde 90
    Domando o temido anel norte de Nürburgring

9 – Espionagem Industrial **97**
Visita exclusiva às entranhas da equipe Red Bull de F1

10 – Pé na Tábua! **104**
Competindo na Corrida Nacional de Calhambeques

11 – A Necessidade de Velocidade **110**
O underground dos rachas ilegais em São Paulo

12 – Indianápolis no Tempo do Vale-Tudo **117**
Um século de inovações tecnológicas na Indy 500

13 – Rali Radical **124**
Voando com Colin McRae e Travis Pastrana na estreia do rali
nos X-Games

14 – As Coisas Simples da Vida **134**
Reflexões de estrelas da F1 aposentadas

15 – Dakar, A Grande Aventura Humana **140**
Perrengue & glória na cobertura do meu primeiro Dakar

16 – No Ninho dos Cobras **149**
Estreando nas 500 Milhas da Granja Viana

17 – 500 Milhas, Reloaded **155**
Encarando novamente – e, mais uma vez, não vencendo – as
500 Milhas de kart

18 – Almendrón! **161**
A inventividade dos cubanos que mantêm seus carrões
americanos dos anos 1950 rodando diariamente em Havana

19 – Mônaco, Sem Euros ao Dia **165**
Como assistir ao GP de Mônaco gastando quase nada

20 – Febre do Sal **172**
Buscando recordes de velocidade no deserto de sal de Bonneville

21 – Pergunte ao Pó **179**
Entrando ilegalmente no México para cobrir o mais insano
dos ralis: a Baja 1000

22 – Maestro de Todos **190**
Uma peregrinação até o Museu Fangio na pequena Balcarce, Argentina

23 – Moto *versus* Gravidade **194**
Mais fraturas do que anos de idade: a rotina das estrelas
do motocross freestyle

24 – Ideias na Cabeça **201**
Cuidando da "impressão digital" de um piloto: a pintura do capacete

25 – *Fernet con Coca* 206
Muito *asado y trago* torcendo com os fãs argentinos no WRC
em Córdoba

26 – Cortina de Fumaça 213
Driftando na Serra do Rio do Rastro com Rhys Millen

27 – (Quase) 300 km/h... na Marginal Tietê! 218
De passageiro no biposto da Fórmula Indy

28 – Trial no Vidigal 222
Um francês leva sua arte sobre duas rodas para a favela

29 – Chutando o Balde 227
Testando os limites – e a eficiência – da fiscalização no trânsito
de São Paulo

30 – Se Beber, Vá à Tailândia 232
Esmerilhando o *tuk-tuk* de "Michael Schumacher" pela madrugada
de Bangkok

INTRODUÇÃO

"Quero escrever sobre carros e ser pago para isso" foi minha resposta-padrão desde uns doze anos, sempre que alguém – normalmente alguma tia distante ou algum amigo mais pinguço do meu pai – me submetia ao tradicional terrorismo psicológico-carreirístico que é infligido aos adolescentes: "E tu, guri, vais querer ser o que da vida?".

Da vida queria ser jornalista automotivo, decidi. Aos oito anos, ganhei de aniversário minha primeira assinatura da *Quatro Rodas*. Gostar de carros é algo que precede qualquer capacidade de tomada de decisão consciente na minha formação. Sempre fui apaixonado por carros, sempre torci para o Grêmio e sempre tive olhos castanhos. Em nenhum desses três casos pude opinar a respeito.

Para meu azar profissional, porém, "jornalista automotivo" não era (e não é) uma profissão com vagas em profusão na minha Porto Alegre natal.

De forma improvável, tortuosamente realizei meu sonho de carreira. Já mudado de mala e cuia para a Califórnia, me vi repórter especial da *RACER*, a mais tradicional revista de automobilismo dos Estados Unidos. Pouco mais de um ano após me formar jornalista na Pontifícia Universidade Católica do Rio Grande do Sul (PUCRS), estava escrevendo sobre carros – em inglês! – e sendo pago para isso.

Meus dois anos nos Estados Unidos foram um choque de realidade, porém. Sob o sol da Califa, apurei na prática uma das Leis Universais do Jornalismo: repórteres são mal pagos no mundo inteiro – e não apenas no Brasil, diferentemente do eu imaginava quando, a exemplo de outros tantos, elegi o aeroporto como minha versão de solução para o nosso país. Ao mesmo tempo, foram anos nos quais pude construir um portfólio que, na década seguinte, me permitiria abrir portas em redações de revistas que eu crescera lendo, e para as quais sempre sonhara em escrever: *Road & Track. Car and Driver. Cycle World. MAXIM.* Até a *Quatro Rodas*, aquela mesma que minha mãe assinara para mim em 1990.

Fui um "frila" regular dessas e de várias outras publicações pela década seguinte. Como repórter freelancer, minha missão nesses anos era simples na teoria e bastante complicada na prática: descobrir uma estória muito boa e convencer um editor com borderô limitado a investir suas parcas patacas na minha pauta pretensamente incrível. A crise do impresso já vinha de vento em popa há alguns anos; na maioria das vezes, a criatividade maior estava em *como* me colocar no local da pauta insólita às custas de alguma *outra* entidade (uma marca, uma secretaria ou o Ministério de Turismo, às vezes eu mesmo espremendo milhas aéreas acumuladas em outros jobs) que não a empobrecida publicação.

A *feature story*, ou reportagem longa de revista, é um gênero ameaçado nos tempos atuais de crise do jornalismo em geral, e do impresso em especial. O colaborador regular que produz e escreve essas reportagens é por vezes chamado nos Estados Unidos de *writer-at-large*, um "repórter à solta", com liberdade para sempre buscar a melhor estória.

O gênero sempre foi minha principal paixão no jornalismo, e no Brasil, especificamente, está praticamente extinto na "minha" área, o jornalismo automotivo. Para mim, trata-se de uma pequena tragédia. Em outros tempos, o sucesso do *Acelerados* no vídeo e as oportunidades de viagens e estórias que isso proporciona seriam um prato cheio para propor novas matérias incríveis para diversos editores pelo mundo.

Do meu vestibular no ano 2000 para cá, o mundo primeiro se digitalizou e depois se smartphonezou radicalmente. As pessoas leem menos e menos, e a retenção de atenção da maioria do público sofre para ir além das poucas linhas de um texto compartilhado no Instagram, Facebook ou WhatsApp. No jornalismo automotivo, sou parte de uma minoria sortuda que conseguiu surfar essas ondas no momento oportuno, e tenho um orgulho enorme da audiência de milhões que atingimos todas as semanas com o *Acelerados* no SBT, no YouTube e no Instagram.

Mas sinto falta de escrever. Escrever-escrever, de verdade, com complexidade. Tenho saudades do que sempre mais amei fazer como jornalista: descobrir estórias inusitadas e nelas mergulhar de cabeça, para depois de três ou quatro dias de apuração febril voltar de algum lugar exótico com um texto de cinco, dez ou quinze páginas. Texto que se constrói quase sozinho, à medida que os personagens que conheci no plano real vão ganhando vida própria na tela do Word. Em resumo: uma *feature story*.

Em várias gravações ao longo desses últimos anos, me peguei divagando e trocando o chip de apresentador de TV para o de repórter de revista. Repórter meio hibernante, mas nunca extinto na minha cabeça, divagando e imaginando textos longos e complexos que, sabia, não teriam onde serem publicados na sofrida mídia impressa brasileira.

Até agora \o/

Aproveitem a leitura, e, para os milhões de acelerados acostumados a nos assistir no vídeo, espero que este mergulho nessa fase menos conhecida da minha carreira sirva para que descubram um novo prazer automotivo, quase tão intenso quanto pisar fundo no pedal da direita: ler sobre carros. Havendo um número suficiente de vocês, o plano de carreira do Cassio de doze anos poderá, quem sabe, seguir vivo.

PARTE I
VIDA ACELERADA

Feriado de 12 de outubro de 2013. Voltando da Praia do Rosa, sozinho no carro alugado, sentido Porto Alegre. Já são oito anos trabalhando na Red Bull, cinco na área de Motorsport Communications, três como gerente nacional de comunicação. Minha situação financeira é confortável.

A decisão está tomada. No final do ano, vou pedir para sair. Mas... sair para fazer o quê? Sinto uma angústia, e uma confiança: sempre tive as melhores ideias da minha dirigindo sozinho por longas distâncias.

Súbito, uma epifania ao mesmo tempo empolgante e assustadora: pela primeira vez em mais de dez anos, eu poderia novamente *escolher* o que eu gostaria de ser na vida. Exatamente como o Cassio de doze anos, que queria escrever sobre carros e ser pago para isso.

Respiro fundo, desligo o som e deixo o ronco dos pneus do Golzinho da Localiza virar a trilha sonora do cockpit.

Ser o que eu quiser da vida... Ser o que eu quiser da vida...

Os quilômetros passam. Saindo do túnel da BR-101, de volta ao território gaúcho, chego a uma resposta que me parece quase constrangedora de tão juvenil: *Quero ser um Jeremy Clarkson brasileiro.* Evidentemente que isso não significaria virar um inglês sessentão de 1,90 metro, cara de buldogue, barriga rotunda e humor mordaz, e sim trazer para o Brasil o programa *Top Gear* da BBC em seu formato clássico.

Claro que, desde ali, já sabia que as Organizações Tabajara e suas clássicas Sérias Restrições Orçamentárias seriam outra fonte de "inspiração compulsória". (Acreditem: cheguei a contatar a BBC e descobrir quanto custaria licenciar o formato *Top Gear* no Brasil. Não é barato. E é em libras...)

Mas, com outro nome e bastante adaptada à realidade tupiniquim, a fórmula de um "*Top Gear* brasileiro" me parecia altamente viável.

O cerne dessa fórmula: em tempos de um Google na palma da mão de 95% das pessoas, o formato informativo para vídeos, e até para revistas, ficara obsoleto. Quanto custa, quantos cavalos tem, quando vai ser lançado? Uma rápida googlada resolve.

Carros são números, sim, mas são também muito mais. Carro é beleza, é arte, é design. É potência, velocidade, liberdade. É "clubismo" de APzeiros contra Opaleiros, Mareeiros *versus* Hondeiros, S10zeiros ante Rangeiros. É adrenalina de disputas roda com roda trocando tinta na pista.

É emoção. É paixão.

E vídeo é entretenimento. Paixões geram opiniões fortes, o que torna apresentadores que transpareçam essa paixão no vídeo e defendam e discutam seus gostos pessoais – à moda de Clarkson, James May e Richard Hammond, cada um com uma *persona* nitidamente distinta – em algo, por si só, intrinsecamente entretenedor.

A necessidade de um formato radicalmente novo para se falar de carros na TV havia sido o insight de Clarkson e seu parceiro criativo (e, depois, diretor do programa) Andy Wilman, quando ambos foram postos na geladeira da BBC no início dos anos 2000. Nascido em 1977, *Top Gear* durara 24 anos como um programa de carros convencional, no estilo revista eletrônica.

O formato envelheceu, a audiência despencou, e a BBC cancelou o hoje chamado de "Velho *Top Gear*" em dezembro de 2001. Uma busca por "Old Top Gear" no YouTube é fonte de risadas garantida, fornecendo Clarkson, May e outros em um ritmo e entonação que lembra os episódios de *Globo Rural* aos quais eu assistia quando criança nos anos 1980, quando acordava cedo demais de tanta ansiedade esperando a Fórmula 1.

Clarkson e Wilman lamberam suas feridas e voltaram à emissora com uma proposta totalmente inovadora. Algumas premissas: haveria uma pista permanente para o programa, e um mesmo piloto marcaria voltas cronometradas nessa pista, dando origem a um ranking que seria fonte de debates e discussões. Haveria quadros de estúdios com listas que gerassem polêmica, como a *Cool Wall*. Celebridades seriam convidadas, sim, desde que viessem para falar sobre sua relação com carros e mostrassem isso na prática, pilotando. Não haveria conselhos para os consumidores sobre qual carro comprar, que tipo de manutenção fazer e outros aspectos técnicos que invariavelmente levavam a vídeos monótonos.

E, mais importante, haveria uma veia cômica em tudo, com roteiros pensados especificamente para gerar situações engraçadas.

Lembra alguma coisa? ;)

Acompanhei o "Novo *Top Gear*" concebido por Clarkson e Wilman de pertinho desde a estreia, em 2002, e ao longo da sua jornada de sucesso rumo ao topo. Em 2013, *TG* foi reconhecido pelo livro *Guinness World Records* como o programa factual mais assistido do mundo, chegando a 350 milhões de espectadores por episódio em 212 países e territórios. Ao longo desses anos, sempre me perguntei: por que diabos ninguém faz algo parecido no Brasil? Somos um dos povos com o maior número de apaixonados por carro no planeta. A audiência vai existir.

Se Thomas Edison não tivesse nascido, como seria o mundo sem a invenção da lâmpada? Igual, é claro. Outra pessoa teria "inventado" a lâmpada alguns meses ou poucos anos depois. Ideias surgem de um *zeitgeist*, e outras pessoas, em outros lugares do mundo, costumam estar ligando os mesmos pontos simultaneamente. Irmãos Wright e Santos Dumont no caso do avião, Marconi e Landell de Moura no surgimento do rádio... os exemplos são muitos.

Sem comparar o *Acelerados* à invenção do avião ou do rádio, outras duas pessoas, por outros caminhos, haviam tido insights praticamente idênticos aos meus, praticamente no mesmo momento. Uma delas, inclusive, havia chocado Clarkson e os tais 350 milhões de espectadores no mundo todo ao tornar-se o primeiro piloto a derrotar o misterioso *Stig*...

Por esses estranhos alinhamentos do Universo, dali a apenas três meses nossos caminhos se cruzariam.

Mas os detalhes dessa estória podem ficar para um *Movido a Gasolina Reloaded*. Agora, chega de papo e bora ir para trás das câmeras, levando vocês para os bastidores de alguns dos nossos vídeos mais marcantes dos últimos cinco anos.

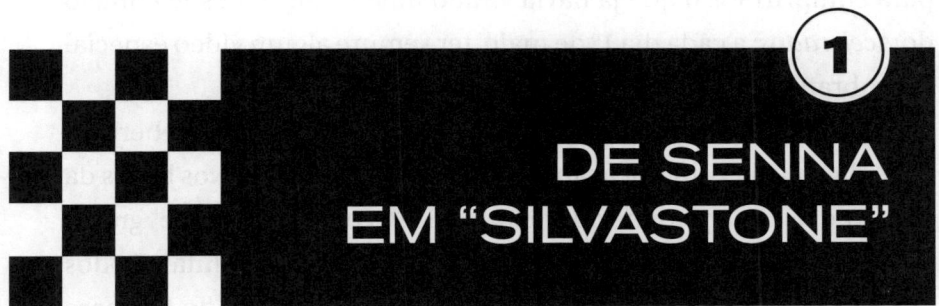

1
DE SENNA EM "SILVASTONE"

O dia em que, brasileiramente, conseguimos ser o primeiro programa de TV do mundo a pilotar o superesportivo mais desejado do planeta

O quadro branco nos boxes de Silverstone listava os diversos veículos de imprensa que teriam o privilégio de, ao longo daquele dia de sol tão raro na Inglaterra mesmo no verão, ser os primeiros no mundo a acelerar o carro de rua mais rápido em pista jamais concebido pela humanidade: *Autocar. CAR Magazine. Top Gear Magazine. EVO.*

Lá embaixo, no rodapé, o último nome da lista: *Acelerados.* Ao lado, "Casio Cortes", assim mesmo, com um "s" a menos. Fiz alguns cálculos na cabeça e percebi: seríamos o primeiro programa de TV do planeta a esmerilhar, na pista, a novíssima McLaren Senna.

Subitamente, tudo fazia sentido. Relembrei o processo que me levara até o circuito de Northamptonshire, no coração da Grã-Bretanha. A negociação para descolar a pauta havia sido longa. Com muita insistência e o apoio decisivo do Instituto Ayrton Senna (IAS) no Brasil, havíamos conseguido uma vaga para o evento de 21 de abril de 2018 em Silverstone, sob o argumento de que seria a única data possível para cumprirmos o que já havia virado uma tradição desde o início do *Acelerados*: a cada dia 1º de maio, ter sempre algum vídeo especial relembrando o "Chefe" Ayrton Senna.

Haviam sido semanas e semanas de persistência até recebermos o OK da área de comunicação da McLaren Automotive. Nos boxes da pista que se tornara conhecida nos anos 1980 como "Silvastone", graças às vitórias de um tal Ayrton Senna da Silva, entendi a relutância dos fleumáticos ingleses quanto a nós. Cedendo ao pedido do IAS para gravarmos antes de 1º de maio, a McLaren havia encaixado o *Acelerados* no dia de imprensa para mídia impressa – sempre o primeiro nesse tipo de lançamento, devido às semanas que as grandes revistas precisam para produção, impressão e distribuição – *especializada* e *inglesa*.

Ou seja: sem saber, havíamos nos infiltrado na primeiríssima experiência de qualquer pessoa externa à fábrica com o carro. Desculpaí, Jeremy Clarkson, e chora, Chris Harris: Cassio Cortes e o *Acelerados* seriam os primeiros da TV mundial a acelerar a Senna. Em Silverstone.

Ou melhor, Silvastone. Curiosamente, o circuito inglês não se destaca nas estatísticas do tricampeão na Fórmula 1 – Senna venceu na pista, uma das mais famosas e tradicionais da F1, somente uma vez, em 1988, com a adorada McLaren MP4/4. Sua mais famosa vitória na terra da rainha deu-se a 100 km dali, na pista de Donington Park, palco do GP da Europa de 1993, quando Ayrton executou o que é considerado por muitos a "Maior 1ª Volta" da história da F1, aproveitando a pista molhada para pular de quarto para primeiro nas curvas iniciais e humilhando as todo-poderosas Williams de Damon Hill e do nêmese Alain Prost.

Foi na F3 Inglesa, na verdade, que Silverstone virou *Silvastone* para a imprensa britânica. Ayrton quebrou todos os recordes da F3 na temporada de 1983, vencendo doze corridas – as nove primeiras do campeonato de forma consecutiva. Dessas, seis vieram no mais famoso autódromo da Inglaterra. Silverstone. Silvastone.

Já a vitória de 1988 veio da forma mais sennística possível, abrindo larga vantagem sobre a Williams de Nigel Mansell debaixo de um dilúvio, na única corrida daquele ano em que nenhuma das dominantes MP4/4 conseguiu um lugar na primeira fila do grid, dominada pelas Ferrari de Gerhard Berger e Michele Alboreto. Culpa de um mal-sucedido upgrade para Silverstone introduzido pelo meu projetista preferido de todos os tempos, o genial Gordon Murray. Ironia das ironias: não fosse a chuva, provavelmente as Ferrari levariam vantagem e Senna jamais teria vencido em Silverstone na F1.

E é justamente um MP4/4 que me encara às 7h30 da manhã do dia 21 de abril de 2018, enquanto luto contra o *jet lag* após haver desembarcado em Londres na véspera junto com nosso cinegrafista, Rafael Munhoz. Estamos no espaçoso e espacial McLaren Technology Centre (MTC), o pós-moderno prédio desenhado por Norman Foster – mesmo arquiteto responsável pela icônica sede da Apple em formato de anel, na Califórnia – que abriga desde 2003 a sede da McLaren Racing (a equipe de corridas) e, desde 2010, também a McLaren Automotive (divisão de carros de rua). Ou você tinha achado que, havendo "dobrado" os ingleses para estarmos no evento da Senna, não encaixaríamos também uma visita à fábrica?

O MTC, infelizmente, não é aberto ao público, o que não chega a ser um problema, já que nosso cicerone conhece as instalações como a palma da mão: Bruno Senna é quem nos dá o tour. Sem dúvida a parte mais impressionante da estrutura é o museu no hall de entrada, todo em vidro e aço e aparentemente "flutuando" sobre um lago artificial. Várias McLaren campeãs se acomodam nesse cenário ao mesmo tempo plácido e futurista, entre elas a M23 do bi de Emerson Fittipaldi em 1974. Não deixo de notar que o carro mais afastado do lago é o MP4/2C do título mundial de Prost em 1986. Até em chão de museu o francês parece seguir preferindo distância da água...

Mais impressionante ainda é ver os "race bays" – a parte da oficina onde os carros efetivamente competindo no campeonato atual são preparados –, separados apenas por mais vidro desse visual incrível. Talvez por isso o acesso ao MTC seja tão restrito.

Ao trabalho, porém: trouxemos Bruno aqui para falar de dois carros que qualquer fã brasileiro de F1 conhece pelo nome e sobrenome. A McLaren MP4/4 campeã com Senna em 1988 e a McLaren MP4/5B do bi de Ayrton em 1990. Bruno, que segue vinculado à McLaren Automotive como piloto de desenvolvimento, já teve o privilégio de guiar os carros do tio em eventos como o Festival da Velocidade de Goodwood. "Esse aqui, quando você aciona o motor, o carro inteiro vibra junto", diz do MP4/4. "Vibra tudo em você também", sorri, incrédulo com a bestialidade daquela era.

"Eram carros muito brutos, sem preocupação alguma com eficiência de combustível, por exemplo. A diretriz pra desenvolver um motor era simples: primeiro, quanto mais potência, melhor. Depois a gente dá um jeito de ver como fazer pra não quebrar", completa ele.

Para as gerações mais novas, os F1 dos anos 1980 e 1990 podem parecer quase infantis em suas linhas simples, concebidas em uma era muito antes de as equipes de F1 passarem a sediar capacidade computacional suficiente para projetar e enviar um foguete para Marte (ver "Espionagem Industrial" na p. 97). Não se enganem, avisa Bruno: "As asas eram simples, mas enormes. Os carros tinham, sim, muito downforce".[1]

O MTC é um sonho onde qualquer fã de F1 ou arquitetura passaria horas, mas outro, ou melhor, *outra* Senna nos aguarda em Silverstone. E, para percorrer os 125 km que nos separam da sede da McLaren da experiência de pilotar a mais brutal das McLaren, outra McLaren: a 720S.

Certamente será o único carro roxo com interior amarelo pelo qual eu me apaixonarei nessa vida. Se você não é um *McLarista*, saiba que uma McLaren batizada com um número está exaltando para o

---

1. Pressão aerodinâmica. O quanto as asas de um carro conseguem comprimi-lo ao solo para melhorar sua capacidade de frear e, principalmente, fazer curvas.

mundo sua própria potência: há agora, portanto, 720 cv à disposição do meu pé direito.

Na ficha técnica, o 0 a 100 km/h vem em 2,8 segundos, o que significa que sentar a bota em segunda marcha nas estradinhas vicinais inglesas é igual a uma voadora no peito + o temor de que a van de um encanador desavisado cruze a tripinha de asfalto sem fazer o cálculo adequado da taxa de aproximação do míssil roxo. Sem exageros, a 720S é provavelmente o melhor carro de rua que já guiei em vias públicas. Para falar só de carros que pilotei em vídeos do *Acelerados*, optaria por uma 720S diante dos rivais Lamborghini Huracán e Ferrari 488 sem um instante de hesitação.

Esse rolê de Woking a Silverstone cristalizou em mim uma convicção de que nada se compara a um chassi construído em carbono – todas as McLaren de rua partem de um mesmo monocoque, chamado pela marca de *Monocage* (junção de monocoque com *rollcage,* ou santantônio, em português). A união de leveza e rigidez que a estrutura de carbono traz explica por que ela se tornou o padrão da F1 já no início dos anos 1980, introduzida pela própria McLaren.

O motivo de eu tecer tantas loas ao "meu" xodó roxo-com-amarelo serve justamente para contextualizar quão impressionante é o fato de que a Senna *estraçalha* por completo a 720S no traçado de Silverstone.

Pois, chegando ao autódromo, nosso primeiro compromisso é aprender para onde virar como passageiro em outra 720S, pilotada por Bruno. Agora na pista, e sem exercer eu mesmo o controle sobre o meu destino, a capacidade da 720S fica ainda mais evidente. Estamos usando a versão reduzida do circuito, o chamado National Circuit, que exclui a longa e famosa reta do Hangar.

A freada para a Copse no fim da reta dos boxes se torna o ponto mais veloz da volta, portanto, e não deixo de dar uma bisoiada no velocímetro quando Bruno alicata os freios para fazer a tomada à direita: 273 km/h. Para um acelerado, é melhor do que qualquer montanha-russa.

O restante da programação previa outra saída como passageiro de Bruno, já na Senna, antes do *gran finale*: assumir o cockpit.

Mas, como falei lá no começo, somos um "encaixe", os últimos da fila após as tradicionalíssimas revistas inglesas. O que se torna sempre um fator de ansiedade, já que o sol ainda brilha agora, por volta do meio-dia, mas o "St. Peter" inglês costuma ser notoriamente volátil em seus desígnios meteorológicos.

Enquanto os colegas ingleses aceleram, namoro nos boxes outra Senna, predominantemente preta – na verdade sem pintura, com o carbono exposto –, com asas móveis amarelas e pequenos detalhes, como os cubos de roda, em verde. A combinação de cores não é coincidência: trata-se da unidade pessoal comprada (com um graaande desconto para funcionários, presume-se) pelo próprio Bruno, nesse momento agachado diante do nariz do carro e oferecendo mais explicações:

"Esse duto dianteiro acelera o ar e forma uma zona de baixa pressão embaixo do carro, gerando assim ainda mais downforce."

Antes de me mostrar o cockpit, Bruno faz questão de que eu mesmo abra a porta, também toda de carbono. Mas poderia ser de papel: são apenas seis quilos. Ao lado, ainda na parte interna nos boxes, caminhamos até uma McLaren P1, um dos pilares da Santíssima Trindade – os outros sendo LaFerrari e Porsche 918 Spyder – que redefiniu os padrões de performance para carros de rua em meados de 2013, ao aparecerem quase simultaneamente. P1, LaFerrari e 918 foram os primeiros supercarros a introduzir tecnologias híbridas para alcançar potências na casa dos 900 cv, dando origem a um novo segmento: os "hipercarros".

Levanto a porta da P1. Parece a de uma F-1000 ou D20, em comparação. "São 20 kg", revela Bruno. "Mais que o triplo."

"Adicione leveza" foi a receita de Colin Chapman para tornar a Lotus uma das escuderias mais vencedoras da história da F1, e foi isso que a McLaren fez com a Senna. São 400 kg a menos do que na P1, 1.198 kg no total, peso equivalente ao de um prosaico Volkswagen Golf TSI.

Dentro do cockpit, sento no banco em concha, totalmente de carbono (na verdade, parece que uma fábrica de fibra de carbono explodiu do lado de uma Senna e soterrou o carro com o material nobre) e com o mínimo de revestimento somente nos locais mais, digamos, "estratégicos". O banco inteiro, descontados os trilhos para ajuste na base, pesa ínfimos 3 kg.

Mas não é somente a leveza que faz de uma Senna uma Senna. A aerodinâmica variável é o grande trunfo e é tão importante que, quando as primeiras imagens do lançamento foram divulgadas no finalzinho de 2017, o carro foi quase que universalmente haterizado na internet como *feio*, tamanha a desproporção de seus apêndices aerodinâmicos (principalmente a asa traseira) em relação ao conjunto. O público mundial que esperava um sucessor da P1 foi surpreendido por um puro-sangue de pista. Olhe para a Senna como quem olha não para um hipercarro, e sim para um carro de corrida, e subitamente suas proporções fazem perfeito sentido.

Tudo faz ainda mais sentido quando se aprendem os números que definem a Senna: 800, 800 e 800. São 800 cv no 4.0 V8 biturbo (V8ão *old school* mesmo, sem nenhum auxílio híbrido), 800 Nm ou 81 kgfm de torque e até 800 kg de downforce gerados pela mágica da aerodinâmica ativa. O preço no lançamento era de 750 mil libras, na prática quase outro 800 na conversão para euros. Mas pode guardar a carteira: já nesse dia em Silverstone, todas as 500 unidades estavam vendidas. Oito delas para o Brasil.

Ansiedade subindo. A programação está atrasada. Ouço dois engenheiros da McLaren conversando: "Airbrake failure". Com outro jornalista ao volante, uma Senna sofreu uma falha no freio aerodinâmico – na prática, a imensa asa móvel traseira, que auxilia nas frenagens, não funcionou. O carro freou menos do que o piloto esperava na entrada da velocíssima curva Copse.

Nenhum grande drama; o laranjão apenas perdeu o ponto de tangência e foi reto pela imensa área de escape asfaltada, típica das pistas de F1. Mas a unidade que apresentou o defeito foi retirada da programação para ser investigada, atrasando ainda mais o *"xédiul"*, a curiosa pronúncia britânica para *schedule* (nenhum inglês vai à escola na *"xúl"*, que eu saiba).

O relógio já marca 15h30, uma hora e meia além do horário previsto para minha entrada na pista. Finalmente, Bruno me faz um aceno de cabeça. É hora de colocar macacão, capacete e luvas e sair para o pit lane.

O St. Peter inglês foi parça, e o sol ainda brilha. Minha ansiedade, já em alto nível com o atraso e o incidente, aumenta um pouquinho mais ao ler na lateral da "minha" Senna laranja, à frente da roda traseira, o adesivo: VP-736. VP de "*Verification Prototype*". Protótipos são sujeitos a falhas – existem *para* detectar falhas, aliás. E pelo menos uma delas havia acabado de acontecer, diante dos nossos próprios olhos.

Basta ouvir Bruno acionando o rugido áspero da Senna para tudo evaporar, porém. O ronco da Senna não é dramático, agudo como o de uma Ferrari ou Lambo. Os ingleses preferem deixar o drama para os italianos. O barulho da Senna é... *all business*.

Ainda dentro do pit lane, na curvinha que leva à entrada da pista, logo após a Copse, Bruno já afunda o pé. Se andar de passageiro na 720S era uma prazerosa montanha-russa, na Senna trata-se de um exercício físico. Nas freadas, a aceleração negativa me faz perder o fôlego. A diferença é brutal. Por um lado, viva a aerodinâmica ativa e as asas móveis. Por outro, tomara-tomara-tomara que outra falha nelas não ocorra na minha vez...

Fim da reta dos boxes, freada da Copse, olho novamente no velocímetro. Tamanha é a pressão aerodinâmica gerada pela Senna que a máxima agora é *menor* do que na 720S: 270 km/h. E tamanha é a pressão aerodinâmica gerada pela Senna que a freada da Copse praticamente deixa de existir – Bruno dá uma leve "esfregadinha" no freio e aponta o bichão para a direita. As asas e o baixo peso fazem seu trabalho, e a Senna exibe na tangência da Copse a maior velocidade de contorno que já experienciei como passageiro na vida. No curto traçado National, de 2.638 metros, a diferença nas curvas é suficiente para dar à Senna quase dois segundos de vantagem de tempo de volta sobre a 720S.

De volta aos boxes, adrenalina já fluindo pelo sangue, troco de assento com Bruno. Ninguém me diz que não posso, então aciono o modo Race: tudo desligado. Não há controle de tração, de estabilidade ou qualquer auxílio eletrônico além dos freios ABS. Dane-se o risco de prejuízo milionário em libras: é assim que o Chefe gostaria.

Imito o Bruno e afundo o pé já na curvinha de saída do pit lane. Em termos de aceleração em linha reta, novamente a Senna e a 720S não são animais assim tão distintos. Quando chegam as freadas e as apontadas nas tangências, porém, a Senna faz a 720S parecer uma Kombi. Coaches de pilotagem costumam dizer que em um fórmula, sempre leve e com muito downforce, o piloto precisa "subir" até o limite do carro, enquanto na tocada de um carro de turismo, com muito mais peso e muito menos pressão aerodinâmica (um Stock Car, por exemplo), o piloto deve "descer" para não extrapolar os limites da máquina. Não hesito em dizer que, nessa analogia, a Senna na pista se comporta como um fórmula.

Nessas horas ser um apresentador-piloto, e não apenas um piloto, chega a dar um pouco de dó: preciso narrar para vocês o que está acontecendo e conversar com o Bruno, e não apenas pilotar com 101% da minha concentração. Nos Estados Unidos, onde comecei realmente minha carreira como jornalista de automobilismo, mede-se muito essa intensidade da pilotagem em décimos: 10/10 é o que se faz na pista, buscando o limite em uma competição. Quando estamos gravando e falando através das câmeras com vocês aí do outro lado, diria que pilotamos a cerca de 8/10, no máximo 9/10 – se o instinto competitivo sair um pouco de controle :)

Nesse contexto, sigo o papo com Bruno e percebo que passei voando pelas trocas ultrarrápidas do câmbio sequencial de sete marchas e estamos chegando no redline em sexta marcha no fim da Wellington

Straight. Espio o velocímetro: 250 km/h. No National Circuit de Silverstone, a Senna sequer consegue "esticar as pernas" até a sétima.

Freio a 255 km/h, aponto para a tomada da Brooklands e a sensação de distância do limite máximo do carro é tal que continuamos conversando normalmente. Como se fossem cinco da tarde e estivéssemos indo tomar chá.

P.S.

Veja o vídeo: https://youtu.be/5fL61uKjVj8

DAIKOKU FUTO

Acelerando no "*Velozes & Furiosos* da vida real" na madrugada de Tóquio

Quem realmente ama carros precisa conhecer: Tóquio. Sim, lugares como Califórnia, Alemanha, Itália e Inglaterra exalam *car culture* tanto ou mais do que a capital japonesa, mas, em um mundo cada vez mais sobreglobalizado, o Japão, "Reino eremita" por tantos séculos isolado da cultura ocidental, mantém uma dose de exotismo, sobre rodas ou não, inigualada em qualquer outro lugar do planeta.

Para os nascidos nos anos 1980 que tiveram uma infância pré-internet, o desfile de carros nunca antes vistos em seriados como *Jaspion* atiçava a imaginação. O culto ao exotismo do mercado japonês é um fenômeno mundial. Principalmente nos Estados Unidos, os carros exclusivos da cena nipônica são venerados, particularmente entre trintões quase quarentões como eu, através de sua sigla própria: JDM ou *Japanese Domestic Market*, guarda-chuva que abarca todas as pérolas e excentricidades projetadas e comercializadas somente na terra do sol nascente.

O mundo não acelerado acordou para esse fenômeno cultural um pouco mais tarde, com a explosão da franquia *Velozes & Furiosos* em 2001 e games como *Need for Speed Underground* em 2003. Súbito, carros como Mitsubishi Lancer Evo, Toyota Supra e Mazda RX-7 viraram os maiores ícones de um tsunami chamado tuning (lembra dele?) e passaram a dominar o imaginário de crianças e adultos com gasolina & adrenalina nas veias.

Acima dos Evos, Supras e Mazdas, porém, havia um rei. Ou, mais precisamente, um Godzilla: o Nissan GT-R. O *Gojira* recebeu esse apelido ao massacrar a concorrência nas pistas da Austrália no fim dos anos 1980 e começo dos 1990, em uma época – lembrem-se, pré--internet – em que nenhum australiano entendia direito o que era aquele esportivo biturbo com um seis cilindros de apenas 2.6 litros e tração integral, nem por que ele estava espancando seus V8ões com tração traseira nos campeonatos locais.

Quando a globalização inundou o mundo no início dos anos 2000, até rincões mais profundos do Brasil, como Umuarama, no extremo oeste do Paraná, foram atingidos. E é basicamente por isso que agora são 2h da madrugada e eu estou nos arredores de Yokohama acelerando um Nissan GT-R azul-*Bayside* idêntico ao dirigido pelo detetive Brian O'Conner, interpretado por Paul Walker em *Velozes & Furiosos 4*, a velocidades que me levariam a uma provavelmente bastante desagradável cadeia nipônica.

O dono do carro é o umuaramense Pedro Kaio, de apenas 23 anos, no Japão desde 2008, quando emigrou para trabalhar instalando painéis em uma fábrica da Subaru. Conheci Pedro em Daikoku Futo, para onde fui levado por outro brazuca que foi para o Oriente ralar em busca de uma vida melhor, mas que conseguiu deixar a vida de chão de fábrica após viralizar na internet: Igor BRC.

Daikoku Futo, para quem é fã de JDMs, é o equivalente a morrer e ir para o céu. O termo em si denomina uma ilhota artificial na baía entre Yokohama e Kawasaki, acessível somente através do sistema de alças e viadutos mais complexo pelo qual já transitei nessa vida. Talvez exatamente pela complexidade de acesso, Daikoku virou "o" local de encontro nos anos 1990 para a crescente cultura de preparação que emergia em Tóquio. Era o tradicional ponto de partida para o *Midnight Club*, mítico grupo do underground local que se reunia sempre à meia-noite para disputar rachas ilegais nas vazias autoestradas da Baía de Tóquio durante a madrugada e acabou batizando outra famosa série de games de corrida nos anos 2000.

Coincidência ou não, a Nissan escolheu chamar de Bayside Blue a cor mais icônica de seu esportivo mais famoso... É a ilhota de Daikoku, pois, o epicentro do caldeirão cultural que misturava rachas ilegais, drifting, customização e preparação e tomaria o mundo de assalto nos anos 2000 a partir de *Velozes* e *NFS: Underground*.

Já Igor BRC é Igor BRclubTV, ou melhor, Igor Hayashida, cuiabano nascido em 1990, no Japão desde 2004 e que em 2016 passou a filmar e subir no YouTube a rotina de seu principal hobby: o drift. Igor, Pedro e diversos outros brazucas que venho a conhecer na madrugada de Yokohama possuem histórias quase idênticas. *Velozes* e *Underground* embalaram sonhos de escapismo deles e de milhares de acelerados fanáticos por carros Brasil afora. Em cidades com grandes colônias japonesas – como em Cuiabá e em boa parte do oeste paranaense –, a chance de realizar o sonho virando um *dekassegui* (trabalhador migrante, em uma tradução livre) nas indústrias nipônicas provou-se um canto da sereia irresistível.

Para a imensa maioria, a realidade é mais dura que o sonho: semana de trabalho de sessenta horas e salários até altos para a realidade brasileira, desde que turbinados por muitas horas extras, mas ainda assim ligeiramente abaixo da média japonesa. Na fábrica onde trabalhava injetando plásticos para a indústria automobilística, Igor recebia cerca de 400 mil ienes por mês, equivalentes a 9 mil reais no câmbio da época. É o suficiente para, dividindo apartamento, ter algum dinheirinho extra no fim do mês, coisa que, em um mercado onde carros usados e itens de preparação são muito mais acessíveis do que no Brasil, dá acesso a máquinas com as quais mesmo médicos, advogados e engenheiros bem-sucedidos em terras tupiniquins podem apenas sonhar.

E, se no clássico da MPB "a praia compensa o trabalho, a semana", no oceano urbano da megalópole nipônica a praia desses brazucas é outra. Uma vida de sacrifícios no chão de fábrica vira uma vida de fantasia nos sábados à noite, uma chance de viver o que milhões de jovens brasileiros apenas viram no cinema e sonharam: um mundo *Velozes & Furiosos – Tokyo Drift* da vida real.

A renda extra de Igor foi inicialmente aplicada em um Toyota Cresta, um sedãzão meio barca, maior do que um Camry, mas adorado na cena de drift japonesa por dois motivos: possuir o lendário motor 2JZ, o mesmo seis-em-linha que equipa o endeusado Toyota Supra de Brian O'Conner em *Velozes 1*, e um entre-eixos longo, que o torna dócil nas derrapagens. Um carro barato, perfeito para quem está começando no drift.

Foi com ele que Igor explodiu no YouTube. Quase sem querer, ao filmar o mundo automotivo dos brasileiros no Japão, o cuiabano conectou dois mundos. Seu primeiro vídeo a viralizar foi justamente um "enquadro" que tomou da polícia japonesa devido aos exageros na customização do Cresta.

"Eu fico feliz em poder levar isso para quem não tem acesso, que não tem condições de vir até aqui conhecer", diz, revelando que 90% dos mais de 1 milhão de inscritos em seu canal moram no Brasil. Ironicamente para um canal focado em drift e preparação, o que tornou o vídeo do enquadro popular em *Terra Brasilis* foi justamente a perplexidade que a educação dos policiais japoneses causou na audiência do YouTube brasileiro.

Mas voltando ao que importa: o que há sob o capô do Cresta. Se a sigla 2JZ não lhe diz nada, saiba que para adoradores de JDM ela é quase sagrada. Introduzido no Toyota Aristo em 1991, o 2JZ é um seis cilindros em linha que desloca 3.0 litros e, segundo seus fãs mais ardorosos, será, junto das baratas, o único sobrevivente sobre a Terra em um eventual holocausto nuclear. Em termos práticos, é um motor que aguenta um nível altíssimo de preparação sem perder a confiabilidade, o que fez do Supra com o 2JZ um dos maiores ícones da cultura tuning.

O "carro de 10 segundos" que Brian O'Conner dá de presente a Dominic Toretto (Vin Diesel) na cena final de *Velozes 1* é um Supra que deve seu apelido ao fato de ser preparado até o talo para fazer de 0 a 400 metros (o quarto de milha, distância clássica dos campeonatos de arrancada, sejam eles legais ou não :) abaixo de dez segundos. Como referência, a McLaren Senna de algumas páginas atrás cumpre o quarto de milha em 9,9 segundos. Ou seja, ao menos em linha reta, o 2JZ do Supra pode acompanhar uma Senna por aguentar preparações que até triplicam seus cerca de 300 cv originais – o número é estimado, pois nos anos 1990 ainda persistia um acordo de cavalheiros pelo qual nenhuma montadora japonesa divulgava números oficiais de potência acima de 280 cv.

Grosso modo, com um pouco de boa vontade, o Cresta dos anos 1990 de Igor pode ser chamado de um Supra sedã, e o ronco intimidante e característico do 2JZ quando começamos a circular no emaranhado de viadutos que leva a Daikoku não me surpreende. O que me dá, sim, um susto é o que acontece quando Igor puxa uma segunda e afunda o pé direito. "*Rapaiz*, o bicho é bruto", deixo escapar.

Nas curvas de raio longo e cercadas de muros de concreto do imenso complexo viário da ilhota de Yokohama, o "Crestão" gruda no chão.

Os pneus não cantam em nenhum momento – afinal, há centenas de milhares de ienes investidos em geometria de suspensão, rodas de compósito leve e pneus com borracha macia como chiclete.

Descemos, descemos e descemos no complexo viário de Daikoku até chegar ao estacionamento mais famoso do Japão, adjacente a um terminal de cargas marítimas. A quantidade de preciosidades JDM faz qualquer fã do gênero embarcar em um frenesi de *overposting* no Instagram: GT-Rs e Supras são ordinários a ponto de não chamarem a atenção. Afinal, o que é um GT-R como o de Pedro Kaio, com um visual ligeiramente apimentado, diante de um outro GT-R rosa 100% customizado com pintura da Hello Kitty, com direito a orelhinhas de gato no teto? Meu preferido entre os quase cem carros reunidos no estacionamento: um Mazda RX-7 com body kit Veil Side, idêntico ao que é uma das estrelas de *Velozes & Furiosos 3 – Tokyo Drift*.

Em meio a tantos rostos orientais desconhecidos, tropeço acidentalmente em um familiar: o hexacampeão mundial de skate Sandro Dias, no Japão para um evento do seu principal patrocinador, a Red Bull. O fato de Sandro fazer questão de ir a Daikoku durante outro compromisso em Tóquio dá uma medida da atração que o lugar exerce entre os apaixonados por carro.

"Com dezesseis anos já dei um jeito de descolar meu primeiro carro, um Gol GTS", revela o skatista. "Troquei o comando por um 288, coloquei um carburador 3E e escapamento 4 em 1", continua, em um jargão que qualquer APzeiro no Brasil reconhece. "Já viajei tanto competindo, e já vi muitos carros exóticos em eventos pelo mundo todo, mas aqui estou vendo várias coisas que nunca vi na vida."

Aos poucos, organicamente, a meia dúzia de brasileiros no local acaba se juntando. Imediatamente me chama a atenção um Skyline R34 no icônico azulão celebrizado por Paul Walker. Trata-se do carro de Pedro Kaio. Skyline é o nome doméstico do GT-R, e R34 é o código da geração mais amada pelos fãs de JDM, apesar – ou talvez exatamente por causa – de haver durado no mercado japonês por apenas três anos, de 1999 a 2002.

Como era praxe na época, a potência declarada é de apenas 280 cv, e o velocímetro, tal como o do Supra preto que aluguei no circuito de Tsukuba para outro vídeo nessa mesma viagem, marca apenas até risíveis 180 km/h – ou seja, os ícones esportivos japoneses dos anos 1990 estão entre os carros mais fáceis do mundo para "dar VDO".

Com a preparação para o drift começando pelo aumento da pressão do turbo, o carro de Pedro extrapola fácil os 400 cv. "Fiz todo o carro do zero, do jeitinho que eu queria. Mexi em intercooler, diferencial, embreagem, suspensão, filtro, booster... Mas nunca levei para o dinamômetro", diz, ganhando um pouco da minha admiração – para mim, preparação é para ser testada e aferida na pista, não com o carro estático em cima de um rolo.

Aproveitando a "moral" de ter sido apresentado por Igor para o resto da brasileirada, pergunto se Pedro me libera a chave da nave. "Empresto, sim", ele sorri. "Mas com ciúme!"

Viro a chave e piso no pedal de embreagem mais pesado que já experimentei na vida. No drift, em que o "clutch kick" (apertar e soltar rapidamente o pedal da embreagem, com o carro em movimento e o giro do motor alto) é uma das técnicas mais empregadas para destracionar a traseira do carro, a embreagem é uma das peças mais exigidas e reforçadas. A do Skyline de Pedro provavelmente aguentaria o torque de um caminhão sem grandes dramas.

Aciono então a maior manopla de câmbio que já vi: uma "tora" vermelhona de uns 40 cm de altura que, no nosso adorável mundo acelerado em que o bom humor adolescente ainda é visto como qualidade, é matéria-prima para algumas zoeiras dos parças. A peça não está ali por razões estéticas, porém. A altura ajuda a manter a manopla do câmbio bem próxima do volante e das mãos do piloto durante os momentos mais frenéticos do drift.

Desemaranhamos o labirinto de viadutos e, na mesma imensa ponte entre Yokohama e Kawasaki em que o Midnight Club atuava acima dos 300 km/h, não me contenho em esticar as marchas do bichão e dar risada com o "pffff" do alívio do turbo a cada troca. Em busca de agilidade no drift, a relação de direção é absurdamente multiplicada. "A sensação é de que, se eu der cinco grauzinhos de volante em terceira marcha e afundar o pé direito, a gente roda aqui mesmo, no meio da ponte", reporto para Pedro, que balança a cabeça e confirma: "É isso mesmo".

O carro encara as curvas de raio longo com a firmeza de um carro de corrida, e rapidamente ganho confiança mesmo andando "ao contrário", com o volante do lado direito e a manopla do câmbio na mão esquerda. Pedro vai relaxando e deixando a adrenalina tomar conta, e na empolgação da sua fala eu relembro o que é ter vinte e poucos anos e ser um apaixonado por carros.

"Cara, eu nunca tinha andado de passageiro no meu carro com alguém acelerando de verdade", ele grita, por sobre o ronco do escape a quase 6.000 rpm. "Esse carro me faz perder a respiração!"

Faço o retorno e voltamos, agora numa tocada mais tranquila, para Daikoku. Quando vou agradecer a Pedro pelo empréstimo, é ele que genuinamente me agradece pela experiência, deleitado por, pela primeira vez, sentir o orgulho de ver seu "filho" em ação enquanto se concentrava 100% na experiência sensorial, sem preocupações com a pilotagem.

Ter o drift como hobby de final de semana significa danificar frequentemente para-lamas, para-choques e lanternas a cada esbarrão nos muros ou nos rivais. Um preço em ienes que esses operários *dekasseguis* pagam de bom grado em troca do privilégio de viver um sonho. "Tá na chuva é pra se molhar", conclui Pedro.

Ao contrário do fenômeno viral Igor, Pedro segue na batalha na fábrica da Subaru, e o GT-R do qual tanto se orgulha mantém papel duplo em sua vida: é também o carro com o qual trabalha normalmente de segunda de manhã até, muitas vezes, sábado à tarde, suportando a dureza da suspensão preparada e o ronco alto do escape aberto na labuta diária.

Sem problemas: o drift e Daikoku compensam o trabalho, a semana.

P.S.

▷ **Veja os vídeos:**
Daikoku Futo:
https://youtu.be/GrZMllrsXaE

Supra em Tsukuba:
https://youtu.be/PSsz3TjREK8

HOLIDAY ON ICE

Drift no gelo, aurora boreal e
arenque fermentado na Lapônia sueca

A aurora boreal é um fenômeno tão lindo e impressionante quanto raro de presenciar. Por isso, em inglês, é comum usar a expressão "em aurora boreal" como sinônimo de algo extremamente incomum.

No Brasil, talvez por estarmos em outro hemisfério, esse uso é bem menos frequente – o que não impediu o grande Pedro Ernesto Denardin de, ao narrar o gol que deu o bi da Libertadores para o Grêmio diante do Atlético Nacional em um estádio lotado em Medellín, menos de dois anos após a morte de Pablo Escobar, definir meu Tricolor como "*Um clube nascido em aurora boreaaaaal*". (A narração de Pedro Ernesto para os 72 segundos cruciais da Batalha dos Aflitos de 2005 deveria ser preservada em uma caixa de vidro e ter seu próprio Salão de Honra em um hipotético Museu Global do Rádio Esportivo. Mas divago – futebol será assunto para outro livro.)

De volta à aurora, pois. Frio, latitudes e altitudes extremas me fascinam, e, a partir do momento em que tive algum dindim sobrando nessa vida, raros foram os anos em que não fiz alguma trip até as montanhas, para esqui ou trekking. Em 2017, caminhei 140 km em duas semanas para ir até o acampamento-base do Monte Everest, no lado nepalês, com direito ao voo mais aterrorizante que já fiz: de Kathmandu para Lukla, pousando no "Aeroporto Mais Perigoso da Terra" (segundo os próprios sherpas locais propagam, sem disfarçar certo orgulho enviesado).

Jogue no YouTube "Lukla landings", caso você deseje nunca mais ter vontade de voar nessa vida. A aeronave em que viajei, um velho Let-L410 prefixo 9N-AKY, espatifou-se contra as montanhas do Himalaia fazendo exatamente o mesmo voo somente 36 dias após eu desembarcar dela fisicamente ileso, mas psicologicamente em frangalhos.

Apesar dessas visitas constantes ao frio, um desejo permanecia hibernado desde que ouvi a narração de Pedro Ernesto na Rádio Gaúcha em 1995: ver a aurora boreal em pessoa. Inevitavelmente é uma viagem cara – ir para cima do Círculo Polar Ártico nunca é barato –, mas o que sempre me desencorajou a conhecer a aurora boreal do meu próprio bolso foi a incerteza. Mesmo os pacotes de viagem mais otimistas sublinham o fato de que as chances de você gastar uma bala em euros ou dólares e viajar meio mundo e passar um frio do caramba à toa são altas, pois a recompensa das visões da aurora ocorre apenas em 20% a 25% dos casos.

Por isso, quando o convite da Audi do Brasil chegou para viajar até Arvidsjaur, na Suécia, joguei o nome da cidade no Google Maps, constatei que o vilarejo estava a apenas 130 km do Círculo Polar Ártico e imediatamente respondi o e-mail: tô dentro.

O convite não era para turismo, é claro. Fui convidado para participar da Audi Ice Experience, uma escola de pilotagem para aprender a guiar sobre neve e gelo em alta performance. Pode não parecer uma habilidade extremamente útil para um brasileiro tropical adquirir, mas foquem em "alta performance". Nossas lições aconteceriam a bordo da mais nova geração de um dos meus carros preferidos neste planetinha azul: a Audi RS 4 Avant, com seu 2.9 V6 biturbo trazendo 450 robustos cavalos germânicos e, como um bom Audi quattro, tração integral. Diversão garantida.

"*Save the Wagons*", diz uma campanha na internet engajada em salvar minhas adoradas peruas da extinção provocada pela epidemia dos SUVs, e, no caso da RS 4, é fácil engajar-se apaixonadamente na causa. Traçando sua linhagem até a mítica RS 2 Avant nascida da colaboração entre Audi e Porsche nos anos 1990 (o carro que deu origem à linha RS de "Super Audis"), a RS 4, especialmente quando pintada no mesmo *Nogaro Blue* celebrizado por sua avó RS 2, é um carro que me faz ter dificuldades em manter o distanciamento objetivo e não passional que a profissão jornalística exige.

Para um brazuca, chegar em Arvidsjaur é uma miniepopeia que pode durar quase 48 horas. Tudo começa com um voo de São Paulo para Paris, onde fazemos a conexão para Estocolmo. Dormimos na capital sueca e na manhã seguinte embarcamos em um turboélice para a pequena Skellefteå, já a 700 km mais ao norte. De lá, mais duas horas de ônibus até Arvidsjaur, vilarejo com 4.600 habitantes, portanto grande o suficiente para ter um mercadinho bem suprido com enlatados. (Mais a respeito no P.S. 1 no fim deste capítulo.)

A bem da verdade, Arvidsjaur faz parte da "Grande Arjeplog", essa, sim, mundialmente famosa como o epicentro mundial dos testes de inverno para a indústria automobilística. Ambas ficam na Lapônia sueca, adjacente à famosa "terra do Papai Noel" homônima, na Finlândia (onde estive um ano depois pilotando o Porsche Taycan elétrico, infelizmente em condições climáticas mais adversas, que abreviaram bastante as nossas gravações).

Também é algo que pouco vem à mente de nós, brasileiros, mas a realidade de garantir que um carro e suas dezenas de milhares de peças funcionem de forma segura e confiável por meses a fio em temperaturas abaixo de zero, como é comum em boa parte do mundo nas latitudes distantes dos trópicos, traz desafios enormes para os departamentos de engenharia das montadoras.

Foi em Arjeplog, por exemplo, que engenheiros da Bosch desenvolveram os primeiros protótipos dos freios ABS para carros ainda no início dos anos 1970, quando a capacidade de processamento dos sistemas eletrônicos de toda a frota mundial somada não chegava à de um mero iPhone X. Hoje todos nós adoramos ter freios que não travam em frenagens de emergência, mas para quem dirige no gelo e na neve isso era uma necessidade básica desde aquela época. Praticamente todas as grandes montadoras e sistemistas do mercado global possuem algum tipo de base de testes em Arjeplog.

Mas não é a cidade de Arjeplog que atrai engenheiros de montadoras especializados em frio e aspirantes a pilotos de rali sobre a neve, e sim sua fartura de lagos. A costa lapã é marcada por fiordes, e todas essas massas d'água no inverno ártico tornam-se lagos sólidos como concreto e lisos como vidro. Perfeitos para serem moldados como pistas de testes.

Após uma noite muito bem-dormida no aconchegante hotel Skogen e uma manhã de briefing teórico, saímos para o lago. Imediatamente me "adono" de uma RS 4 com o mesmo número (09) e mesma cor (cinza Nardo) do carro com o qual conquistei o título da Sprint Race GP em 2018. Amor à primeira vista.

O instrutor pede que cada aluno desça de sua Avant. A temperatura sobre a imensidão branca é de $-15\ °C$, mamão com açúcar para os suecos, sofrida para brasileiros com luvas leves (é impossível dirigir com luvas pesadas de esqui, afinal). O primeiro teste é básico: ganhar confiança para desgarrar a traseira na pista 1, um simples traçado oval delineado sobre o lago. Ao todo, são cinco pistas desenhadas sobre o gelo na Audi Ice Experience.

Em um carro com tração integral como a RS 4, driftar nas quatro rodas é menos instintivo, porém bem mais fácil do que em um carro com tração traseira, o tipo que normalmente associamos com power-sliding ou drift sobre o asfalto no Brasil. Em um tração traseira nos autódromos brasileiros, controla-se a derrapagem dosando o acelerador – pouca aceleração, e a desgarrada não acontece; aceleração demais, e o carro roda.

Em um quattro moderno, cheio de recursos de eletrônica, uma vez iniciada a saída de traseira, é praticamente impossível rodar. Se você jogar a traseira com muito entusiasmo e sentir que ela vai ultrapassar a dianteira, basta manter a calma, fazer o contraesterço e... acelerar com vontade. A eletrônica joga mais torque para o eixo dianteiro, que "puxa" a frente de volta na direção da trajetória em linha reta. Dosar essa pendulada, alternando volante e acelerador para controlar o ângulo de derrapagem do carro, é simplesmente viciante.

Mas... como iniciar esse desgarre de traseira? Física newtoniana. É preciso transferir peso para o eixo dianteiro – freando sutilmente com o pé esquerdo, ou simplesmente tirando o pé do acelerador em uma marcha baixa com giro alto – e, em perfeita sincronia, iniciar uma curva, de forma um pouco mais abrupta e ampla no volante do que seria o normal. Imagine os vetores, com o carro sendo visto de cima: basta fazer com que a frente "morda" para o lado de forma mais rápida do que a traseira possa acompanhar.

Parece complicado, mas, uma vez que a ficha "caia" na sua mente, derrapagens épicas destracionando nas quatro rodas, dignas de um Colin McRae, tornam-se possíveis até para quem não tem grande experiência com pilotagem de competição. Mais ou menos como aprender a arrancar em subidas com um carro manual na autoescola: só é difícil no início, antes de o processo migrar do plano racional para o plano instintivo dentro da sua cabeça. E o fato de cada roda jogar um rastro de neve branca pelos ares enquanto destraciona torna a experiência toda verdadeiramente cinematográfica.

Algumas pessoas nascem com um grande talento natural para um certo esporte; outras, por nutrirem uma grande paixão por tal esporte, estudam, dedicam-se e treinam ao longo de anos até atingirem um nível em que conseguem competir com as naturalmente talentosas. Eu me considero um membro do segundo grupo em termos de pilotagem, e, para um nerd do volante, Arvidsjaur é um paraíso.

Acelerar no gelo convida o piloto a colocar-se em um estado mental de sensibilidade extrema, buscando sentir cada transferência de peso, cada perda de aderência dos pneus junto à neve. A cada curva, a cada volta, as condições do piso mudam. Se a neve vier de forma constante, o piso fica mais "fofo", lento e previsível, como jogar tênis no saibro de Roland Garros. Sem nevascas, à medida que os carros vão passando, a superfície vai sendo varrida até virar gelo puro, mais duro e escorregadio – rápido e imprevisível como a grama de Wimbledon.

Por isso, é preciso "ler" o carro o tempo todo. A combinação de baixas velocidades e aderência mais baixa (em relação ao asfalto) permite que se mergulhe nesse processo quase que em slow motion. Pilotar no gelo é onde a pilotagem no asfalto e a meditação zen se encontram.

Ao todo são três dias de curso, passando pelas cinco pistas, cada vez maiores e mais velozes, em uma progressão cuidadosamente desenhada para colocar os alunos em uma espiral crescente de habilidade e confiança. No fim da tarde do último dia, o *gran finale*: uma competição cronometrada em duplas na "pista 6", que nada mais é do que as pistas 2, 3, 4 e 5 unidas para formar uma "pistona" que cobre praticamente toda a área do lago. O tempo para completar uma volta inteira é superior a quatro minutos.

As duplas são sorteadas, e meu parceiro é o economista e youtuber Gustavo Cerbasi. Bem antes de embarcar para a Ice Experience eu já sabia que o Professor Cerbasi, além de um grande gente fina, seria "o" cara para pedir conselhos sobre investimentos e educação financeira. Mas quais seriam seus dotes para domar 450 cv em uma competição sobre um lago gelado? Bem, só havia uma forma de descobrirmos.

Faço minha volta, que acaba como a segunda mais rápida de todo o curso, atrás apenas de um norueguês que provavelmente estava roubando o carro do pai para driftar pelos estacionamentos de supermercado congelados da Noruega desde os quinze anos.

Entrego o comando para Cerbasi, que arranca com vontade. Bastam duas ou três curvas para um otimismo juvenil inundar meu coração no banco do passageiro: o Professor acelera! O prêmio secreto a ser dado no jantar está no papo. Certamente não há outra dupla tão forte na disputa.

Embalamos no trecho mais veloz da pista, e, talvez pelo meu excesso de empolgação ao descrever a pilotagem de Cerbasi – as câmeras estavam ligadas e a gravação para o *Acelerados* estava rolando, afinal –, o Professor se empolga. Fazemos a tomada de um curvão para a esquerda uns 20 km/h acima do que seria a mínima recomendada para aquele ponto, e passamos reto com vontade.

Sair da pista é comum ao longo dos três dias de curso, e eu mesmo dei meus beijos nos barrancos de neve aqui e ali. Por isso digo que passamos reto "com vontade": varamos o barranco de neve que delimita o traçado, e vamos parar em uma maçaroca de gelo não tão sólida assim, lembrando a consistência daqueles "gelinhos" que as crianças comem em parques temáticos. O carro afunda nessa superfície de firmeza incerta a ponto de não conseguirmos abrir as portas. Com algum receio tupiniquim de que todos os 1.715 kg da RS 4 Avant desejem parar no fundo do lago com dois youtubers dentro, saímos pelas janelas, ao estilo NASCAR, e imediatamente afundamos até os joelhos no tal gelinho.

Vencer a competição cai para segundo lugar na nossa lista de prioridades, logo atrás de salvar nossas extremidades do risco de necrose. São alguns minutos até o trator-guincho chegar, e tão atolada está nossa Avant que somente uns 98% dela desencalham: depois do "puxão" do trator, todo o assoalho dianteiro e a saia lateral esquerda permanecem encravados na maçaroca.

(Um ano depois, qualquer mágoa que eu ainda tivesse em relação ao erro do Professor dilui-se do meu coração quando, para deleite dos instrutores da Porsche, que fazem questão de fotografar toda a saga do resgate, eu mesmo encalho o recém-lançado Taycan em um barranco de gelo em Levi, na Lapônia finlandesa. História para um *Movido a Gasolina 2*, quem sabe).

Abatidos, retornamos ao hotel para o jantar de confraternização final do curso. O instinto competitivo, nessas horas, é uma maldição. Já estou afogando as mágoas no segundo pint de Stigbergets IPA quando, aos 45 do segundo tempo, entra em campo ela: a aurora boreal.

Sabe-se que, não importa onde neste mundo, basta chutar uma moita (ou boneco de neve) para dela cair um ou mais brasileiros. Uma das belezas do *Acelerados* e da proximidade que a internet traz entre criador de conteúdo e seguidores é a certeza de que, onde quer que eu esteja, nunca estarei sozinho.

Logo após postar os primeiros stories do curso no Instagram, recebo um direct de dois brazucas, Diego Ruck e Fabrício Menezes, felizes em constatar que eles não mais eram os únicos tupiniquins no extremo norte sueco. Já "locais", morando em Arvidsjaur há mais de ano, Diego e Fabrício são ambos engenheiros de uma das maiores sistemistas do mundo (e, com muito orgulho, uma das principais apoiadoras do *Acelerados*), a Continental Pneus.

Nessas circunstâncias, nada melhor do que guias locais. Se forem brasileiros e engenheiros automotivos apaixonados por carro, melhor ainda. Ao fim do nosso jantar, chamo Diego e Fabrício para tomarem uma saideira conosco no bar do hotel e, para minha surpresa, cerveja vai, cerveja vem, a dupla comenta casualmente que aquela seria uma noite de aurora.

De imediato, pulo do banco do bar. *Hoje tem aurora boreal? Aurora-fucking-boreal? E ainda estamos fechados aqui neste bar?* Percebendo minha empolgação, Diego e Fabrício ignoram o fedor de *surströmming* no estacionamento (ver o P.S. 1 no fim deste capítulo), buscam um Peugeot 207 com logos da Continental nas portas e nos levam até a entrada do complexo de testes da Conti.

Já passa da meia-noite, e não há ninguém na portaria. Passamos silenciosamente pela cancela, e, cerca de 1 km para dentro do lago da Continental, a aurora boreal aparece como uma série de ondas no horizonte, oscilando entre um verde-fosforescente e um amarelo-amanhecer. Impressiona como é preciso estar significativamente afastado de qualquer aglomeração iluminada para enxergar o fenômeno. O centro da pequena Arvidsjaur oculta a aurora como as luzes de 20 milhões de almas ocultam as estrelas em São Paulo.

Já acostumados à rotina arvidsjauriana, os dois brazucas carregam sempre equipamento fotográfico profissional no carro. É a única forma de fotografar minimamente bem a aurora, já que é preciso um tempo de exposição longo para captar o colorido no breu da noite. Cortês e pacientemente, Diego e Fabrício fotografam a mim e a todos os demais alunos brasileiros do curso em sua primeira experiência de *aurora borealis*.

O relógio já marca 1h da manhã, e o vento gelado que corta o centro do lago traz a sensação térmica para abaixo de –20 ºC. Mas ninguém quer ir embora.

P.S. 1

A Lapônia é famosa pelo Papai Noel e suas renas, pelos testes de inverno das grandes montadoras mundiais e por uma iguaria culinária verdadeiramente sem precedentes: o surströmming.

Uma tradição da parte sueca da Lapônia, o surströmming nada mais é do que arenque enlatado, fermentado em salmoura com pouco sal. Seria inofensivo se o peixe não fosse enlatado sem ser pasteurizado ou esterilizado, com o processo de fermentação continuando ao longo de meses dentro da lata.

Desse experimento científico resulta algo que é mais uma arma química do que um gênero alimentício. É impossível descrever quão potentemente repugnante e repugnantemente potente é o aroma quando se abre a lata. Mas para se ter uma ideia: no fim do primeiro dia de curso, quando retornamos ao hotel cheios de latas de surströmming compradas no mercadinho central da cidade, o gerente, sem cerimônia alguma, ordena que voltemos para o frio de −18 °C do lado de fora se realmente quisermos ir adiante com o plano de aperitivar a iguaria antes do jantar.

Abrimos a lata a uns bons 10 metros de distância da porta de entrada – diz-se que, abrindo-a embaixo d'água, esse efeito inicial é bastante reduzido. Mas aí qual seria a graça? Eclode uma explosão fétida de enxofre, como se as próprias portas do inferno tivessem se aberto (horas depois, resquícios ainda eram sentidos de forma sutil na varanda da porta do hotel).

Duas pessoas se aventuram a comer – uma delas, o colega Renné Arantes, do canal *MotorGrid* – e vomitam quase imediatamente. Outras, como eu, sentem fortes ânsias de vômito apenas com o aroma. Segundo o crítico culinário alemão Wolfgang Fassbender, "o grande desafio ao comer surströmming é vomitar somente após a primeira mordida, e não antes dela".

Naquela noite, reflito longamente sobre como cumprir meu dever jornalístico de encontrar uma descrição acurada para o cheiro que senti. O melhor que consigo: "O fedor de uma baleia encalhada na praia que está apodrecendo sob o sol há vários dias, se esse cheiro pudesse ser detectado a dezenas e dezenas de metros de distância". Se você acha que estou exagerando, saiba que Air France, British Airways e KLM baniram o transporte de surströmming em seus voos.

Em resumo, a dica é: se por acaso você se encontrar na Lapônia sueca, vá ao mercadinho mais próximo, compre latas de surströmming, traga-as para o Brasil e surpreenda seus amigos. Você será a alegria do almoço de domingo :)

P.S. 2

▷ Veja os vídeos:
Audi Ice Experience na Suécia:
https://youtu.be/xStLN4JQRso

Porsche Taycan na Finlândia:
https://youtu.be/X7samdw9u38

4
DE VOLTA PARA O VELO CITTÀ

Um momento de euforia
no *Back to the Future Day*

21 de outubro de 2015 é o dia para o qual viajam no tempo Marty McFly e o Dr. Emmett Brown no clássico *De Volta para o Futuro II*, de 1989. O ano foi escolhido em uma conta simples: trinta anos para a frente do presente do filme, que se passa cronologicamente logo após os acontecimentos do primeiro *De Volta para o Futuro*, de 1985.

O dia exato, segundo o roteirista Bob Gale, foi calculado em cima da provável data em que o Chicago Cubs, time que não vencia o campeonato americano de beisebol desde 1908, conquistaria o título, caso conseguisse fazer 4 a 0 na melhor de sete jogos da hipotética World Series de 2015.

Nessas ironias da vida, na vida real os Cubs de fato quebraram seu jejum de 108 anos sem caneco pouco mais de um ano depois da data prevista no filme: venceram o jogo 7 contra o Cleveland Indians no dia 2 de novembro de 2016, fechando a série final em 4 a 3.

21 de outubro de 2015 acabou não significando muito para os Cubs, portanto, mas foi um dia marcante para o *Acelerados*. Havíamos estreado no SBT quatro meses antes, em 14 de junho, exatos nove meses e meio depois de nos lançarmos ao oceano de incertezas do YouTube, em 28 de agosto de 2014.

Voltando no tempo mais alguns meses, foi em 1º de maio daquele ano que Gerson Campos e eu passamos a bater ponto diariamente no *Acelerados*, um projeto inovador gestado e lançado pela NWB, uma das primeiras networks de canais de YouTube do Brasil, que já contava com o *Desimpedidos* – hoje, o maior canal de futebol do YouTube em todo o mundo – como cartão de visitas.

A NWB à época estava incubada dentro da casa que sediava a conceituada produtora Spray Filmes, até hoje uma das principais sócias da empresa. "Incubada" é uma forma carinhosa de descrever aqueles tempos: a NWB se expandia e trazia novos profissionais com lançamentos como o *Acelerados*, e o espaço físico ficava cada vez mais exíguo. A piada que Gerson e eu fazíamos era que combinávamos na véspera quem teria o direito de levar os cotovelos para o trabalho no dia seguinte.

(O fato de um cara da estatura de fama, fortuna e currículo de Rubens Barrichello ter se disposto a apertar os cotovelos na nossa salinha "incubada", ouvido atentamente o que a NWB e nós tínhamos para dizer e oferecer, se entusiasmado com essas ideias e mergulhado de cabeça no projeto é um daqueles mistérios pelos quais serei eternamente grato na vida.)

Um dos meus escritores preferidos, Charles Bukowski, conseguiu deixar seu trabalho de carteiro para se dedicar à literatura de forma integral através de um cálculo simples: em 1969, o editor John Martin, fã do escritor, somou as despesas mensais do poeta. Entre aluguel, bebida e outras necessidades básicas, Buk custava a si mesmo 100 dólares por mês. Foi esse valor que Martin passou a lhe pagar mensalmente até que terminasse seu primeiro romance, *Post Office* (*Cartas na Rua*, no Brasil).

Com um pouco de licença poética, foi mais ou menos assim que Gerson e eu migramos para o projeto *Acelerados*: com salários-base cobertos pelo *cash burn* da nossa startup e, por isso, calculados sobre um valor que apenas cobrisse nossas despesas mensais. Correspondia a pouco mais de 1/4 do que eu ganhava no meu emprego anterior.

A roda girou, os primeiros vídeos foram ao ar, a repercussão foi positiva e os primeiros clientes apareceram. Ainda em 2014, a Jaguar Brasil apoiou nosso quadro "Dia de Aula", em que Rubinho ensinava a celebridades (como Adriane Galisteu, Marco Luque e Luigi Baricelli) técnicas de pilotagem. O patrocínio da Jaguar foi nosso *proof of concept*, a confirmação de que essa ideia de fazer um "*Top Gear* brasileiro" no YouTube, dentro da realidade econômica tupiniquim, tinha, sim, viabilidade comercial.

Mas a correria atrás de projetos de *branded content* para as montadoras significava que o nosso fluxo de caixa nos primeiros meses lembrava o eletrocardiograma de um torcedor numa disputa de pênaltis em final de campeonato.

Por isso, nossa estreia no SBT em junho de 2015 foi um ponto de inflexão fundamental. Pela primeira vez, nossa "lojinha" passava a ter uma certeza de entrada de recursos todo mês. Por outro lado, nossa demanda de produção de conteúdo, tendo de entregar semanalmente 35 minutos originais para o segundo maior canal de TV aberta do país, mais do que dobrava.

Empolgados com as novas possibilidades e responsabilidades, decidimos comemorar em grande estilo. Segundo ele próprio, Gerson tinha um ritual que se repetiu por quase um ano ao longo da infância: chegar da escola e assistir novamente à fita VHS de *De Volta para o Futuro*, repetidas e repetidas vezes ("mais de cem certamente", estima). Sério. O homem é *muito* fã de *De Volta para o Futuro*. Mesmo.

Além disso, a proximidade da chegada do "futuro" previsto no filme bombava na mídia, com matérias comparando onde o filme havia acertado e errado em sua visão para 2015 sendo publicadas no mundo todo. Ficou curioso? Faço por você o trabalho de uma googlada: pagamentos via biometria, drones sendo usados para levar cachorros para passear e óculos de realidade virtual foram acertos. Skates flutuantes, tênis que se amarram sozinhos e códigos de barra no lugar de placas nos carros estão entre os erros – por enquanto.

Nossa estreia no SBT, a data celebrizada pelo filme, o fanatismo do Gerson: tudo conspirava para marcarmos a conquista de nos tornarmos o primeiro canal de YouTube no Brasil a virar um programa fixo em TV aberta com um grande especial de *De Volta para o Futuro*. Evidentemente, o vídeo iria ao ar exatamente em 21 de outubro de 2015, o *Back to The Future Day*.

Mas havia ainda uma cereja do bolo, como programa jornalístico que somos: a despedida da venerada e veneranda Volkswagen Kombi do mercado brasileiro.

Com a produção da Kombi oficialmente encerrada no final de 2013, a Volkswagen lançara uma série chamada de Last Edition, envolvida em polêmicas pelo preço – 80 mil reais no lançamento – e pelo fato de a Last Edition ter sido, na verdade, uma "Second-to-Last Edition": surpreendida com a procura de colecionadores pelas seiscentas unidades numeradas que marcariam o adeus da Kombi ao Brasil, a Volks acabou produzindo outro lote de seiscentas.

Vários compradores do primeiro lote ficaram furiosos, afinal, quem havia pago 80 barões por uma singela Kombi baseado na premissa de que sua Last Edition era uma de seiscentas não ficou nem um pouco feliz em descobrir que o xodó exclusivo havia virado um de 1.200. Houve quem processasse a montadora. A controvérsia fez com que o segundo lote não vendesse tão rapidamente quanto o primeiro, e ainda era possível encontrar Last Editions do lote final à venda como zero-quilômetro no fim de 2014.

Em resumo: a Kombi Last Edition seguia como um assunto quente em meados de 2015. Por essas belas coincidências da vida, a cena inicial do *De Volta* original de 1985 mostra Doc Brown (Christopher Lloyd) apresentando sua máquina do tempo/DeLorean para a câmera operada por Marty McFly (Michael J. Fox) até ser interrompido por terroristas líbios que querem o seu fígado – Doc havia roubado dos líbios o plutônio necessário para gerar a reação de 1,21 gigawatt que propele o DeLorean através do tempo.

O meio de transporte dos líbios? Uma Kombi. Com pintura saia e blusa, azul-clara embaixo e branca em cima. Idêntica à da Last Edition brasileira.

A pauta estava feita: ver um DeLorean na Volta Rápida, por si só, já seria incrível apenas pelo exotismo e fama do carro. Ver o Rubito levando ao limite na pista também uma Kombosa seria hilário. Encontramos uma Last Edition turbinada, rebaixada e customizada com charmosas rodas Fuchs. Perfeita.

Restava o passo mais difícil e imprescindível: encontrar um DeLorean DMC-12 no Brasil. No total, mundialmente, foram produzidas apenas 9.080 unidades do carro entre 1981 e 1983, época em que as importações estavam proibidas em nosso país. Ou seja, nenhum DeLorean zero-quilômetro deu suas caras por aqui nos anos 1980. As unidades que já havíamos visto esporadicamente, sobretudo em São Paulo, vieram para cá importadas a partir de 2011, quando os DMC 1981 completaram trinta anos e puderam ser trazidos como clássicos, única forma legal de importar carros usados no Brasil.

Qualquer DeLorean serviria, é claro. Mas, após semanas de pesquisa e dezenas de ligações, sorte grande: encontramos o único DeLorean do Brasil com o kit *De Volta para o Futuro* oficialmente licenciado pela Universal Pictures, produtora do filme, e vendido nos Estados Unidos por 25 mil dólares (sim, os americanos sabem ganhar dinheiro com tudo). Bingo! A caracterização externa e interna era impecável, idêntica à do filme, com direito até a capacitor de fluxo entre os dois assentos.

Agora, o que poucos fãs não acelerados de *De Volta para o Futuro* sabem é que o futurista DeLorean é, na verdade, uma grandessíssima porcaria como carro. O dono da joia topou, sim, participar da nossa gravação, mas avisou de cara que o funcionamento da belezura era um tanto, digamos, "incerto".

Sem problemas – tínhamos um DeLorean! Rapidamente, a gravação do nosso especial *DVPoF* tomou ares daquele tipo de festa com tudo pago que alguém dá quando, após tempos de penúria, finalmente dá uma sorte e põe algum dindim no bolso. Iríamos muito além de uma "mera" disputa de Volta Rápida entre um DeLorean e uma Kombi.

Até hoje, a sequência gravada à noite no Autódromo Velo Città, reproduzindo take a take os minutos iniciais do *De Volta para o Futuro* original de 1985, permanece inigualada em vários aspectos. Foi nossa única gravação noturna em pista e nossa única dinâmica 100% scriptada, gravada integralmente com falas previamente decoradas – ou seja, foi a única vez em que Rubinho, Gerson e Cassio viraram "atores" e foram outra coisa que não Rubinho, Gerson e Cassio na tela do *Acelerados*.

Foi também disparado a coisa mais cara por segundo que já gravamos, e espero que continue sendo, porque de fato nossa euforia por finalmente ganhar um dinheirinho fixo todo mês nos levou a cometer alguns... excessos. Havia caminhão-pipa para reproduzir o piso molhado do filme, gelo-seco para dramatizar a descida do DeLorean da carreta e uma equipe completa de maquiadores e figurinistas profissionais.

O golden retriever do nosso RubFly aparece por nove segundos e atua com um único (e sutilíssimo) movimento de cabeça. Cachê do ator canino: 1.500 reais (daria para ter comprado *outro* golden retriever zero-quilômetro. Ao menos teríamos um AceleMascote até hoje). A cenografia para deixar os rastros de fogo no estacionamento também aparece por exatos três segundos, ao custo de 2.500 reais.

Na Volta Rápida propriamente dita, gravada no dia seguinte, o DeLorean cumpriu a profecia do dono, insistindo em engazopar sistematicamente. Só decolou mesmo para a Volta em si depois de uma vigorosa empurrada minha e de Gerson, e até hoje detém o pior tempo da história do nosso Ranking, com a cômica marca de 1:47.540.

A Kombosa se valeu do temperinho de suspensão rebaixada e motor turbinado para ser 17 segundos mais rápida: cravou 1:30.253, suficientes para ser a... antepenúltima do nosso Ranking até hoje, entre os mais de 250 carros que passaram pelo crivo do Rubito no Velo Città entre 2014 e 2020.

P.S.

▷ **Veja os vídeos:**
Parte 1:
https://youtu.be/tkYzxSfJZUU

Parte 2:
https://youtu.be/qyrJOH0QH5E

5
ESTRADA DOS ANJOS

A Melhor Cidade (e a Melhor Estrada) do Mundo para Quem Ama Carros

Meu ritual preferido na carreira de jornalista automotivo costuma acontecer uma ou duas vezes por ano e começa quando o avião toca no solo de LAX.

Normalmente a mala é para poucos dias e não precisa ser despachada. Do terminal embarco direto em um shuttle, que leva a algum estacionamento imenso onde montadoras mantêm seus carros de teste. Mostro o tíquete de estacionamento escaneado no e-mail, comprovo que sou, sim, o Cassio Cortes, *Brazilian journalist*, e pronto: surge a chave de algo que vai virar vídeo no *Acelerados*.

Processos cumpridos, é hora de parear o celular com o multimídia da nave zero-bala e acionar a playlist, que sempre começa com as mesmas duas músicas. A primeira é um rap, para tirar o *jet lag* do corpo: "To Live and Die in L.A.", do 2Pac. Siiim: "*Still the only place for me/ That never rains in the sun and everybody got love...*".

To live and die in L.A.
It's the place to be
You've got to be there to know it
What everybody wanna see

O baixo bombando nas caixas do som (normalmente um som premium, afinal não se voa milhares de milhas para outro hemisfério para testar um carro ordinário), o sol, as montanhas, o ar seco, as palmeiras. As palmeiras: com um pouco de sorte, vejo elas até o topo, pois se o teste for em um conversível é claro que a capota já está abaixada.

A segunda canção entra, um rock suave que embalou momentos marcantes da minha adolescência: "Under the Bridge", do Red Hot Chili Peppers.

I drive on her streets
'Cause she's my companion
I walk through her hills
'Cause she knows who I am
She sees my good deeds
And she kisses me windy

Agora, sim, sinto-me oficialmente na companhia da Melhor Cidade do Mundo para Quem Ama Carros: Los Angeles, Califórnia.

Los Angeles, ao lado de Tóquio (como vocês já viram em Daikoku Futo), é o lugar que mais dita tendências no mundo automotivo. Sim, a engenharia automotiva mais sofisticada está na Alemanha, o coração do automobilismo de ponta é a Inglaterra e o norte da Itália evoca sonhos para qualquer acelerado, mas, se você quer realmente saber quais cores, acessórios, esportes a motor e *trends* vão se alastrar no Planeta Carro nos próximos meses ou anos, L.A. é o lugar para estar. *"It's the place to be/ You've got to be there to know it/ What everybody wanna see...".*

Antes dos fatores culturais, vem a geografia. L.A. é um lugar abençoado para quem gosta de dirigir. Temperaturas amenas o ano todo, pouquíssima chuva, e basta dirigir em média uma hora para o norte, leste ou sudeste para encontrar algumas das melhores estradas de serra – ou *canyon roads*, no linguajar local – do planeta.

Na década de 1950, uma série de variáveis convergiu para tornar o sul da Califórnia o epicentro global da *car culture*. Quando os Estados Unidos viviam a euforia econômica do pós-guerra, que veio a motorizar o país inteiro, o boom da indústria do cinema em Hollywood fez com que L.A. se tornasse um local onde o carro simbolizava algo... maior. Ter o melhor ou mais caro carro não bastava: era preciso customizá-lo, torná-lo único. Foram os egos de Hollywood que construíram a percepção, que se espalharia pelo mundo, do carro como extensão da personalidade do dono.

E, quando os ingleses passaram a respirar com mais folga depois da guerra e produzir carros esportivos – leia-se, principalmente, roadsters de dois lugares como MGs, Triumphs e Austin-Healeys –, a ensolarada Califórnia foi onde eles explodiram em popularidade. A ideia de dirigir por prazer puro, além do mero transporte do ponto A ao ponto B – que seria vista como verdadeira extravagância antes da Segunda Guerra –, tornou-se lugar-comum nos anos 1950 e encontrou na Califa seu parceiro ideal.

Dessa explosão dos sports cars veio a indústria do automobilismo de competição a partir dos anos 1960. Aonde Carroll Shelby foi para construir seus carros de corrida, na história mostrada em *Ford vs. Ferrari*? Um hangar no aeroporto de Los Angeles. Quando se fala em corridas, o norte da Califórnia, onde ficam os autódromos de Laguna Seca e Sonoma, é um dos maiores polos do mundo. Os eventos da Monterey Car Week, como a reunião de carros de corrida clássicos do Monterey Historics em Laguna e o concurso de elegância de Pebble Beach, são visitas obrigatórias a qualquer acelerado que tenha condição financeira para tanto.

L.A. é o ponto de partida ideal para conhecer isso tudo, até porque o caminho para o norte passa por uma das estradas mais bonitas do globo, a Pacific Coast Highway no trecho de Big Sur, que já mostramos em dois vídeos do *Acelerados*: o review do Rolls-Royce Wraith e o rolê do Dream Drive, evento promovido pela Secretaria de Turismo da Califórnia justamente para encorajar passeios de carro por Big Sur como atração turística.

Não há como dissociar carros de Los Angeles. O melhor museu automotivo multimarcas do mundo, o Petersen, é uma das principais atrações do centro de L.A. (e ponto de peregrinação para fãs de hip-hop: foi saindo de uma festa no Petersen que o rapper Biggie Smalls foi assassinado). Nada menos do que *quinze* montadoras possuem estúdios de design no sul da Califórnia. Talvez no norte da Itália haja números semelhantes em termos de concentração em uma mesma região, mas o que é único da Califa é exatamente o fato de marcas europeias, asiáticas e americanas convergirem em um só lugar, formando um caldeirão de culturas e referências que influencia toda a indústria.

Em resumo, roubando uma frase que nasceu para definir Nova York: Los Angeles é onde as coisas automotivas acontecem.

Morando em L.A. em 2005 como editor de F1, Indy e NASCAR no site do canal de TV SPEED Channel, 100% focado em automobilismo de competição, a grana era curta. Pensando acima de tudo na possibilidade de andar de carro zero-quilômetro e não ter mais que gastar com gasolina, propus na lata aos meus chefes: "Todas as montadoras têm frotas de imprensa aqui por perto. Por que não fazemos uma seção de review de carros de rua no site?".

Para minha primeira surpresa, eles toparam imediatamente – até bem remunerados chefes preferem gastar tanques cheios de carros de frota, aparentemente. Chefia convencida, passei a requisitar carros para teste, e, para minha segunda surpresa, praticamente todos os meus pedidos eram atendidos. Pelo visto, o mercado queria ver coisas além de NASCAR, F1 e F-Indy há tempos em SPEEDtv.com.

A tarefa seguinte foi encontrar um local em que fosse possível realmente testar o comportamento dinâmico dos carros com segurança e que rendesse boas fotos. Precisava também ser tranquilo, pois eu seria um "one-man show", fazendo as vezes de produtor, piloto de testes, repórter e fotógrafo. Foi assim que descobri um lugar para o qual voltaria dezenas de vezes nos anos seguintes: Angeles Crest Highway, a "Estrada dos Anjos".

Quem acompanha o *Acelerados* já viu algumas coisinhas interessantes acontecendo em Angeles Crest. Foi lá que gravamos a única aparição dos 707 cv do Dodge Challenger Hellcat no programa, em um comparativo com o (então recém-lançado) Camaro atual, e também o rolê com a Lamborghini Huracan Spyder RWD.

Hoje, basta digitar "Angeles Crest Highway" no GPS do seu celular que você chegará lá. Mas em 2005, muito antes dos smartphones e com os softwares de mapeamento ainda na infância, as coisas eram bem diferentes. Angeles Crest era algo cercado de mistério, justamente porque seus principais usuários – celebridades e demais endinheirados locais com suas Ferraris, Porsches e Lambos e motociclistas com suas esportivas japonesas – queriam o mínimo de trânsito competindo por espaço com eles aos finais de semana. Era difícil encontrar informações confiáveis na web de então.

A estrada de 106 km começa em La Cañada, no norte de L.A., e serpenteia pelas montanhas de San Gabriel, atingindo altitudes acima de 2.400 metros antes de terminar em uma espécie de lugar nenhum, no extremo leste da megalópole. Há pouquíssimas intersecções com outras vias locais, e não havia – não há, aliás – infraestrutura nenhuma além do Newcomb's Ranch, um café localizado em um simpático chalé de madeira (recomendo o *apfelstrudel*), mais ou menos na metade do percurso.

Em resumo: para quem vem de La Cañada, depois de uns 30 km, a estrada torna-se praticamente exclusiva de quem realmente está lá com o intuito único de se divertir.

No fim daquela mesma semana, levei o primeiro carro para testar em Angeles Crest: um Scion tC Supercharged, cupê esportivo compacto da nova marca "descolada" que a Toyota havia acabado de lançar nos Estados Unidos, na tentativa de rejuvenescer seu público (um problema antigo para a marca, vê-se). O tC tinha um câmbio curtinho, pneus 225 com rodas 18 e interessantes 200 cv do motor 2.4 com compressor. Era uma tentativa de rival toyótico para os consolidados Honda Civic Si e Volkswagen GTI, e a pauta perfeita para a estreia da seção "Cars" no SPEED.

Antes das 7h da manhã de um domingo, depois de me perder algumas vezes – o método de navegação da época eram rotas traçadas no site MapQuest e impressas em folhas de papel A4 –, cheguei à entrada de La Cañada com o cupezinho prateado. Comecei a subir. O visual incrível, as curvas desafiadoras, o asfalto liso, a falta de trânsito: Angeles Crest Highway era exatamente o que eu havia lido a respeito nos fóruns de donos de supercarros e superbikes.

Continuei subindo. Fui apertando o ritmo, e a empolgação de ter convencido meus chefes a abrir uma nova seção no site foi se somando à adrenalina bombada pelo comportamento esportivo do tC nas curvas da canyon road e ao natural excesso de testosterona dos meus 23 anos para formar um coquetel... perigoso.

Em dado momento, decidi sair da via principal e arriscar uma estradinha vicinal que levava ao topo de uma montanha secundária. À medida que subia, a pista foi ficando cada vez mais estreita e o asfalto cada vez mais precário, até que não passasse de uma série de "lajes" de concreto, com degraus cada vez maiores entre si. A quantidade de capim crescendo nas fendas entre as lajes deixava bem claro que ninguém além de mim havia passado por ali por um bom tempo.

A crescente precariedade da estrada recomendava ao meu bom senso que desse meia-volta. É sabido, porém, que um homem de vinte e poucos anos pilotando um carro esportivo torna-se invencível – até o momento em que a bosta atinge o ventilador, é claro. Segui acelerando como um Colin McRae tupiniquim, até que a sequência de pequenas fendas de poucos centímetros fosse substituída por um "fendão" de uns dois palmos de altura.

A frente do Scion decolou a uns 80 km/h e mergulhou com vontade na "laje" seguinte. A suspensão deu batente, e um *SCRCHHHH* de cortar o coração comunicou enfaticamente que o spoiler dianteiro havia tido um encontro bastante íntimo com o asfalto deteriorado.

Então, para meu completo horror, vi pelo retrovisor interno o para-choque dianteiro sendo ejetado a uns 3 metros de altura pelas rodas traseiras. A pancada havia arrancado completamente a parte inferior do para-choque, que foi então "atropelado" duas vezes, uma por cada eixo. Parei o tC no meio da estrada, recolhi o pedaço de para-choque no porta-malas e tive a convicção de que minha carreira de editor automotivo havia acabado antes mesmo de começar.

Sentindo-me o Pior Profissional do Mundo – ou, como se diz lá na minha Porto Alegre natal, com uma baita cara de guri cag@do mesmo – retornei o carro para a frota da Toyota em Torrance, no dia seguinte. O responsável me recebeu com a cara mais normal do Universo, pedindo apenas que eu preenchesse um formulário a mais. Quando a matéria foi ao ar no site uma semana depois, o assessor de imprensa da Scion enviou-me um e-mail elogiando o texto e agradecendo o espaço. Nem um "a" sobre o para-choque.

Foi nessa mesma época que aprendi uma antiga piadinha interna entre os jornalistas automotivos americanos:

"Qual a diferença entre o pastor-alemão e o jornalista automotivo?"

"Não sei."

"O pastor-alemão, se fizer cocô no banco do motorista, vai sentir um pouco de remorso."

Brincadeiras à parte, carros de frota existem para ser testados, e testes – lembram do "*Verification Prototype*" da McLaren Senna? – podem dar errado. Acreditem: não há o que um gerente de frota de imprensa de montadora já não tenha visto.

Com a consciência mais tranquila, segui fazendo testes em Angeles Crest, agora de forma (um pouco) mais responsável. No teste do Civic Si Coupé de oitava geração (que, infelizmente, só tivemos no Brasil como sedã), parei o carro e fotografei duas marcas de freada que levavam a um guard-rail arrebentado e um barranco de uns 20 metros de profundidade. Já não havia mais nada no fundo do abismo, mas confesso que minha tocada ficou bem mais comportada no restante daquele dia.

Em um Cadillac CTS-*V* com um V8ão de 450 cv, levei meu único susto genuíno em Angeles Crest, um dos maiores da minha carreira até hoje. Devido às grandes altitudes, boa parte da estrada recebe neve durante o inverno. Nesse teste, o asfalto estava limpo, mas havia gelo cobrindo os acostamentos.

Cortei um apex de forma mais empolgada, e o Cadillaczão saiu de traseira. Comecei a corrigir, já ocupando perigosamente a faixa oposta, quando, no sentido contrário, surgiu um trator limpa-neve. Freei tudo e teria rodado completamente e/ou batido no trator, não fossem os auxílios eletrônicos que já existiam nos carros topo de linha nessa época. Senti a roda traseira esquerda freando mais do que as outras, eletronicamente, e o CTS-*V* parando, enviesado, a uns 2 metrinhos da pá de neve do implemento.

Outra feita, outro pouco mais amadurecido e prudente, levei para a Estrada dos Anjos o recém-lançado roadster Saturn Sky, rival criado pela GM (junto do seu irmão gêmeo mais belo, o Pontiac Solstice) para bater de frente com o Mazda Miata no mercado americano.

Vinha em uma tocada razoável, talvez 6 ou 7/10, quando percebi alguém embutido na traseira do Sky. Para meu choque, esse alguém pedindo passagem no meu retrovisor era uma... picape! Uma Honda Ridgeline, também novidade naquela época.

Imediatamente imaginei se tratar de algum profundo conhecedor da estrada – Angeles Crest tem seus fãs que vão a ela todo santo final de semana, e de que outra forma uma picape estaria acompanhando um roadster em uma canyon road? – e fiz o possível para dar passagem rapidamente, com a intenção de usar o conhecimento desse expert local para seguir acelerando, agora na referência da Ridgeline.

Com imensa perplexidade, percebi que o Saturn e eu não conseguíamos igualar o ritmo da picapona. Ainda escaldado pelo recente incidente com o CTS-V, desisti de tentar acompanhar a Ridgeline e segui minha vida, me sentindo uma nulidade como piloto.

Comi um *apfelstrudel* no Newcomb's, dei meia-volta para retornar para L.A. e, quando cheguei na base da estrada em La Cañada, revi a Ridgeline... parada no acostamento e dando explicações para a polícia. Mesmo a distância, pude perceber que a altura da suspensão não era original, o que já diminuiu um pouco a minha vergonha.

Reduzi a velocidade e reconheci o motorista: era Bryan Herta, piloto da F-Indy, na época vencendo corridas pela equipe Andretti (onde era o principal responsável pelo desenvolvimento dos motores Honda) e morador de Valencia, a apenas 50 km da entrada da Angeles Crest em La Cañada.

Na corrida seguinte da Indy, em Fontana, não resisti e contei a estória para Herta, que me confessou que sua Ridgeline não apenas tinha o 3.5 V6 original fuçado para render mais de 400 cv, como recebera uma preparação completa de suspensão da própria Honda Performance Development para, segundo ele, "fazer curvas como um carro".

Respirei aliviado. Não que vencer corridas na F-Indy esteja dentro das minhas possibilidades como piloto, mas, se for para tomar pau de picape em uma canyon road, que seja de uma Ridgeline preparada pela HPD e pilotada por Bryan Herta.

P.S.

▶ **Veja os vídeos:**

Camaro vs. Hellcat em Angeles Crest:
https://youtu.be/_gSdBRBtzi4

Lamborghini Huracán em Angeles Crest:
https://youtu.be/zm8VfzxudKA

Petersen Museum:
https://youtu.be/QTKdsRvzoHY

Rennsport Reunion em Laguna Seca:
https://youtu.be/TlJyCZP5WLI

Dream Drive em Big Sur:
https://youtu.be/8Xfhi6xljjs

Rolls-Royce Wraith em Big Sur:
https://youtu.be/WX24E45doNo

Monterey Historics:
https://youtu.be/mYOgIZst57s

Pebble Beach:
https://youtu.be/-MnVaAlpP4A

PARTE II
REPÓRTER À SOLTA

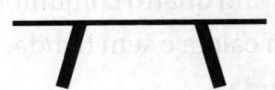

"Limões" são como os americanos chamam os carros com defeitos irrecuperáveis. Se forem zero-quilômetro, os fabricantes são obrigados por lei a retirar esses carros do mercado. Se forem usados (recuperados de algum sinistro, por exemplo), certos estados permitem a revenda. Como a procedência é incerta, a confiabilidade duvidosa e a garantia nula, o preço é... baixo.

Baixíssimo. Tão baixo que até um jornalista brasileiro recém-formado consegue encaixar no orçamento.

Oitocentos dólares foi o valor que paguei pelo carro mais feio que já possuí, uma Dodge Caravan 1993, comprada no estado de New Jersey, mas com placas de Nova York. Faça as contas: em 2004, uma Caravan 93 possuía apenas onze anos. Ou seja, o fato de custar somente 800 doletas significava que esse limão era bem, bem azedo.

Pintada em um *British Racing Green* cujo pedigree de automobilismo deve ter passado despercebido à *soccer mom* que a adquiriu zero-quilômetro, minha Caravan tinha vários detalhes estéticos adoráveis. Meus preferidos:

- Quatro rodas diferentes entre si. Duas possuíam calotas, e duas não. Duas possuíam pneus com banda branca, e duas não. Por pura poesia, formavam quatro conjuntos distintos: com calota e banda branca; com calota e sem banda; sem calota com banda; sem calota sem banda.
- Adesivos adjacentes de Jesus Cristo e Britney Spears no console de teto, em uma alegoria de sincretismo religioso de dar inveja ao Nosso Senhor do Bonfim.
- No interior, nos ganchos onde outrora se ancoravam os assentos (ver abaixo), acumulavam-se resquícios de um misterioso cristal esbranquiçado, semelhante ao nosso sal grosso. Uma década depois, enquanto assistia a *Breaking Bad*, a epifania: minha Caravan provavelmente havia sido uma pioneira no transporte de *crystal meth* (metanfetamina) no início dos anos 1990.

Pelos cinco meses seguintes, esse seria meu meio de transporte e meu lar.

Havia terminado um curso de verão em *Publishing* na New York University e, graças aos textos sobre automobilismo que publicava em inglês em meu blog – em 2004, *todo mundo* tinha um blog –, recebi uma proposta de trabalho de um site pequeno, focado na Fórmula Indy, chamado AutoRacing1.com.

O lado ruim: o site não me pagaria um dólar pelo meu esforço. O lado bom: o AR1 conseguiria credenciamento para todas as corridas que eu quisesse. À época, a cisão da Fórmula Indy em duas entidades rivais, CART e IRL, significava um calendário dobrado. Eu poderia cobrir uma corrida diferente em praticamente todos os finais de semana naquele segundo semestre de 2004. Nos findes em que não houvesse CART (no Brasil, chamada de "Fórmula Mundial") ou IRL, poderia me credenciar para corridas da NASCAR.

Calendário cheio, portanto. Foram mais de 40 mil km (equivalentes a uma volta ao mundo completa) ziguezagueando loucamente por 23 estados americanos, afinal, o calendário das categorias não fazia concessões à conveniência de um brasileirinho que estava tentando acompanhar ambos os certames em uma van caindo aos pedaços.

Era uma vida esquizofrênica: nos finais de semana de corrida, de sexta a domingo, eu dividia quarto com Mark, o dono do AR1. Eram três dias e três noites quase dionisíacos: cama de verdade e café da manhã de hotel, chuveiro quente e comida liberada na sala de imprensa desfrutados até a última gota, sem gastar nada.

Bandeira quadriculada, hora de pegar a estrada e viver como um mendigo de segunda a quinta: dormindo no chão da van em estacionamentos de Wal-Mart ou *rest areas* a caminho da próxima corrida, sem banho e com alimentação praticamente 100% à base do *dollar menu* do McDonald's, os itens do cardápio vendidos na promoção por apenas um dólar cada.

A epopeia na van daria um outro livro, mas seguem aqui rapidamente alguns *highlights*:

- Originalmente configurada para sete lugares, a Caravan chegou a mim com capacidade para apenas cinco passageiros, sem a terceira fila de bancos. Bastaram duas noites dormindo em posição fetal no banco traseiro para perceber a inviabilidade desse processo a longo prazo.

  Era preciso desovar o "sofazão" para liberar o assoalho plano, mas como fazer isso durante um final de semana de corrida da NASCAR em Pocono, minha primeira cobertura? Esperei o anoitecer e dirigi uns 30 km de distância do autódromo até encontrar um local suficientemente ermo. Morrendo de medo da polícia (uma multa por *littering*, jogar lixo à beira da estrada, quebraria meu orçamento do semestre), arrastei o banco traseiro através de um capinzal até embaixo da única árvore em um raio de quilômetros. Ali, escondi o assento como Joe Pesci ocultaria um corpo em um filme de Scorsese. Não me orgulho, mas escapei da multa e dormi na horizontal pela primeira vez em três dias naquela noite.

- Em Pikes Peak, no Colorado, atravessei uma noite gélida no pé do pico celebrizado pela subida de montanha mais famosa do automobilismo mundial (ver "Cortina de Fumaça", pág. 213). Ligava a van, deixava o aquecedor bombar no máximo por uns quinze minutos e dormia. Acordava dali a uns 45 minutos tiritando de frio, e repetia o processo. Valeu a pena: na manhã seguinte, avistei turistando no topo da montanha, a 4.302 metros de altitude, o narrador oficial da rede de rádio do Indianapolis Motor Speedway, Mike King. Era véspera da etapa da Indy naquele final de semana, no oval de Pikes Peak International Raceway, hoje demolido. Apresentei-me, Mike se impressionou com a minha estória, e acabei convidado a assistir à corrida na cabine oficial da IMS Radio, fazendo uma pequena participação na transmissão em rede nacional.

  Mas, antes disso, precisava descer do cume. A van havia sido valente para subir, mas, na hora de encarar 4.302 metros morro

abaixo, os freios superaqueceram e a amplitude térmica (verão na base e neve no topo) fez com que a velha Caravan sofresse um "derrame" elétrico: os vidros do lado dianteiro e o rádio deixaram de funcionar. Provavelmente apenas fusíveis, cuja reposição naquele momento seria um luxo extravagante.
- Quando se vive nas franjas de uma sociedade um tanto paranoica e policialesca como os Estados Unidos, encontros com os homens da lei tornam-se frequentes. Em toda a minha vida, tive armas apontadas para minha cabeça por quatro vezes. Duas, por policiais americanos excessivamente desconfiados de um latino morador de van.

Aos 22 anos eu não notava isso direito, mas hoje percebo que a notícia de um brasileiro maluco apaixonado por automobilismo, que havia largado tudo para viver em uma van caindo aos pedaços para escrever de graça para um site de nicho, se espalhou rapidamente pela rádio-paddock do mundinho motorsport americano.

Sondagens e contatos começaram a surgir. Praticamente não havia um final de semana de corrida em que eu não tomasse um café com alguém que, eu esperava muito, pudesse me dar um emprego de fato. Em retrospecto, foi um período crucial para minha vida profissional. Desse semestre maluco surgiram contatos com profissionais colocados em lugares de sonho para mim à época – revistas como *Road & Track* e *Cycle World*, categorias como a IndyCar e a NASCAR, o time de Motorsport Communications da Red Bull USA – que seguiriam me abrindo portas e rendendo frutos pelos dez anos seguintes.

Na decisão do título da IRL em 2004, no superoval do Texas Motor Speedway em Dallas-Fort Worth, aconteceu Tudo Ao Mesmo Tempo Agora, como no álbum dos Titãs. Na manhã da corrida, passando no pórtico de acesso, o motor da Caravan abriu o bico espetacularmente, superaquecendo com direito a um princípio de incêndio.

Era final de semana de decisão, havia piloto brasileiro na disputa (Tony Kanaan) e muito trabalho a fazer. Além disso, o CEO da subsidiária americana da Haymarket, editora inglesa à época considerada a maior do mundo especializada em automobilismo, estaria na corrida e havia pedido para "tomar um café" comigo.

A van que esperasse, portanto.

Trabalhei freneticamente o dia todo, Tony foi de fato campeão, e no entardecer o CEO da Haymarket, Ian Havard, me chamou para um papo na mureta dos boxes do ovalzão. Disparou, de cara: "*I am going to give you a job*".

Meu sonho de escrever sobre carros e ser pago (em dólar!) para isso estava realizado.

E a van? Não resistiu. O motor até foi consertado, drenando o que restava das minhas economias, mas, com menos de 30 km rodados depois da oficina, o câmbio automático travou em primeira marcha. Sem dinheiro para um segundo conserto, me arrastei até o estacionamento do aeroporto de Dallas, arranquei as placas da Caravan e escrevi "*ABANDONED*" com o dedo na poeira do vidro traseiro. Que fim levou minha Dodge *British Racing Green*, jamais saberei.

Contei o que restava do meu dinheiro. Era suficiente para uma diária de aluguel de carro com retirada em Dallas e devolução em San Diego, com um troco para hambúrgueres no Méqui e injeções de cafeína by Starbucks no caminho. Dirigi os 2.185 km entre Dallas e o extremo sul da Califórnia em exatas 23 horas – sim, é incrível do que é capaz um homem de 22 anos suficientemente cafeinado.

Passei a primeira noite em San Diego em um albergue. Devo ter dormido por umas dezesseis horas consecutivas. Na manhã seguinte, finalmente empregado, o repórter em mim saiu à solta pelo mundo da velocidade para nunca mais desacelerar.

6
EU E VETTEL, VETTEL E EU

Nos bastidores com o tetracampeão mais jovem da história da Fórmula 1

A primeira vez que vi Sebastian Vettel pessoalmente, ele estava sem camisa.

A bandeirada do GP de Mônaco de 2008 mal havia sido dada, e os jornalistas brasileiros envolvidos no circo da Fórmula 1 já marcavam o fim de uma semana de trabalho intenso cumprindo o ritual de relaxar com uma cerveja Singha gelada na Energy Station, o camarote flutuante da Red Bull no cais do Principado.

De repente, do nada, TCHIBUM! Como uma criança rumo a uma piscina de bolinhas, Vettel havia trocado o macacão pelo calção e se atirado, a toda velocidade, nas águas frias do Mediterrâneo. O motivo: comemorar a atuação brilhante rumo ao quinto lugar nas ruas de Monte Carlo, um feito para sua equipe de então, a pequena Scuderia Toro Rosso, a antiga (e nanica) Minardi antes de ser comprada pela Red Bull para ser a "equipe B" da marca de energéticos.

Tremendo de frio ao sair da água, o alemãozinho ("inho" mesmo; são apenas 62 kg espalhados em 1,76 metro) sorria de orelha a orelha com a travessura, como o menino de 21 anos que era, deslumbrado com sua própria atuação nas estreitas ruas que consagraram Ayrton Senna.

Já era um menino de maturidade desproporcional. Assim como o contemporâneo Lewis Hamilton, Vettel é o arquétipo de uma geração de "pilotos de laboratório": garotos cujo talento foi detectado quando suas idades ainda contavam apenas um dígito e que, desde então, foram trabalhados cientificamente rumo ao sucesso inevitável. Aos 21 anos em 2008, o garoto Vettel já era um piloto de corridas profissional havia mais de uma década.

Tanto é que, anos antes, um Vettel adolescente vira-se disputado a tapas por duas gigantes: BMW e Red Bull. O título da F-BMW Alemã em 2004 pôs o alemão sob contrato com as duas multinacionais. Foi por isso que, apesar de membro do "Junior Team" da Red Bull desde os tempos do kart em 1999, o garoto da cidadezinha de Heppenheim chegou à F1 pelas mãos da montadora alemã em 2006, como piloto de testes, após duas temporadas na F3 Europeia (na qual foi vice-campeão em 2006, atrás de Paul di Resta, então piloto da Force India) e mais duas, incompletas, na World Series by Renault, categoria similar à GP2.

Diz-se que a sorte acompanha os bons, e ela esteve ao lado de Vettel: a demissão de Jacques Villeneuve na BMW Sauber em 2006 abriu caminho para o moleque de dezenove anos se tornar o terceiro piloto da escuderia (no lugar do promovido Robert Kubica), em uma época em que o regulamento permitia que esses pilotos treinassem às sextas-feiras de cada GP. Assim, discretamente e sem pressão por resultados, o alemão pôde conhecer todas as pistas do calendário e adquirir milhagem em um F1.

Novamente foi o homem certo no lugar certo no ano seguinte, graças ao espetacular acidente de Kubica no Canadá, que proporcionou a estreia de Vettel em um GP sete dias depois, nos Estados Unidos. Sétimo no grid, errou na primeira curva, mas se recuperou ao longo da prova para terminar em oitavo e tornar-se o mais jovem piloto a pontuar na história da F1, contando dezenove anos e 349 dias de idade. O destino continuou sorrindo em 2007, quando o arranca-rabo entre o piloto americano Scott Speed e o chefe de equipe Franz Tost no GP da Europa abriu uma vaga na Toro Rosso em plena temporada. A BMW esperneou, mas aparentemente os advogados da Red Bull eram melhores, e Vettel substituiu Speed a partir do GP da Hungria.

Quatro corridas depois, um desastre: em um GP do Japão sob chuva torrencial, Vettel, brilhando em terceiro lugar com a humilde Toro Rosso, atropelou o "irmão maior" da Red Bull Racing, Mark Webber, durante uma bandeira amarela – pondo fim ao que então teria sido um resultado histórico, tanto para a RBR do australiano quanto para a STR do alemão. Dar show na chuva já era especialidade do garoto de Heppenheim, contudo, e na semana seguinte Vettel recuperou-se com um sólido quarto lugar na China, também sob um temporal. Era o melhor resultado da história da Toro Rosso até então.

No ano seguinte, 2008, não foi diferente: bastou cair água do céu para Vettel e a STR aparecerem bem mais à frente do que o esperado (lembram de um tal de Ayrton Senna com a Toleman?), caso dos quintos lugares em Mônaco e Spa. Não que a chuva fosse pré-requisito para o alemão pontuar, como os resultados de Montreal, Hockenheim (oitavo em ambas) e Valência (sexto) comprovaram.

Veio então o impensável, um daqueles feitos – como o próprio segundo lugar de Senna com a Toleman em Mônaco/84 – que selam um piloto definitivamente como "algo especial". Sob chuva no treino de classificação para o GP da Itália, um Vettel com vinte anos marcou a primeira pole position da história tanto da Toro Rosso quanto de sua antecessora Minardi. Nem mesmo a irmã maior da STR, a Red Bull Racing, havia largado da posição de honra.

Conseguir uma pole inesperada na chuva, porém, não é assim tão raro. Em seu primeiro ano de F1, Rubens Barrichello, com a modesta Jordan, conseguiu tal feito no GP da Bélgica de 1993. Mais recentemente, no GP do Brasil de 2009, Nico Hulkenberg colocou uma improvável Williams em primeiro no grid. Em ambos os casos, contudo, o previsível aconteceu: em condições secas no domingo, tanto Rubinho em 1993 quanto Hulk em 2009 resistiram poucas voltas na corrida, sendo rapidamente ultrapassados pelos carros mais rápidos.

Só que o engenheiro de Vettel na Toro Rosso, o lendário italiano Giorgio Ascanelli, que trabalhou com Senna nos anos dourados de McLaren, tinha outros planos. Demonstrando a confiança que tinha no alemãozinho, transmitiu sua última mensagem via rádio para Vettel no grid de Monza em altos brados, com o sotaque italiano característico: *"NOW GO OUT THERE AND DESTROY THEM".*

Agora vá lá e destrua todos eles.

Foi o que Vettel fez. Abriu da concorrência e venceu de ponta a ponta, deixando Ferraris, McLarens e BMWs para trás.

Dois meses depois do feito, Vettel e eu nos cruzamos novamente. O cenário agora era o GP do Brasil em Interlagos, e dessa vez o alemão vestia seu macacão completo. Eu acompanhava para uma matéria o então campeão brasileiro de futebol freestyle, Murilo Pitol, que rapidamente se transformou no centro das atenções nos boxes da F1 com suas embaixadinhas frenéticas. Sugeri que Pitol passasse a bola para um distraído Vettel, que não se fez de rogado: mesmo pego de surpresa e de sapatilhas, encaixou uma sequência de embaixadas que deixou perplexos os fotógrafos estrangeiros e brasileiros no entorno.

Vettel então passou a bola de volta para o brasileiro e até arranhou um espanhol: *"No más",* disse, sorrindo, para Murilo. A paixão pelo futebol vem desde a infância, quando frequentava a torcida do seu clube do coração, o Eintracht Frankfurt.

Sem a bola, Vettel havia feito seu show com a Toro Rosso ao longo de 2008, e a promoção para a Red Bull Racing no ano seguinte, no lugar do aposentado David Coulthard, foi inevitável.

O ano de 2009 foi o da polêmica dos difusores duplos e da surpreendente Brawn GP, que venceu seis das sete primeiras corridas do ano com Jenson Button. Uma série de erros no começo do ano suscitou dúvidas de que a promoção para a RBR havia sido prematura para Vettel. Ledo engano: ele reagiu, venceu três provas e chegou ao GP do Brasil daquele ano disputando o campeonato contra as Brawn de Button e Barrichello.

Em Interlagos, as chances de Vettel eram meramente matemáticas – ele precisaria vencer no Brasil e na etapa seguinte, em Abu Dhabi, e torcer por abandonos de Button em ambas para levar o caneco. Mesmo assim, nosso terceiro encontro aconteceu cercado de tensão. Antes da entrevista na sala privada da Red Bull Racing, marcada havia meses, a assessora de imprensa de Vettel, a germanicamente eficiente e loira Britta Roeske (que não desgruda do seu assessorado por um mísero segundo, a ponto de não mais ser empregada pela equipe Red Bull, e sim pelo próprio Vettel "pessoa física"), relembrou-me do protocolo: "Nada de perguntas sobre a vida pessoal".

Questionei o porquê, e ela mostrou a mesma confiança em "Seb" que Ascanelli havia demonstrado um ano antes, no grid de Monza: "Não queremos distraí-lo na luta pelo campeonato... Seb está com 'aquele' olhar, e sabemos o que acontece quando ele está com 'aquele' olhar...".

Seguindo o pedido de Britta, não falamos sobre vida amorosa – Vettel, aliás, nunca expôs publicamente seus relacionamentos, apesar de ter o hábito de batizar seus carros com nomes femininos (o caso mais famoso foi o carro da segunda metade da temporada de 2009, "Kate's Dirty Sister" ou "Irmã Safada da Kate", assim batizado depois que o alemão bateu forte e inutilizou seu chassi preferido, "Kate"). Nossa conversa derivou para dois dos hobbies favoritos do alemão, que terminaria aquele ano como vice-campeão: humor inglês (é fã de carteirinha do grupo Monty Python) e carros antigos – adora *muscle cars* americanos, como Mustangs e Camaros, e restaura suas próprias motos café racers.

São ianques, aliás, dois dos três Michaels que Vettel elenca como ídolos, o Jordan e o Jackson. O terceiro é seu conterrâneo: Schumacher.

Mas sua melhor resposta veio quando lhe perguntei qual luxo mais apreciava na vida: "Dormir". Retrato de um piloto já em vias de se tornar, meio a contragosto, um rockstar. Quase um "pobre menino rico".

Mais um mês depois, outro encontro, dessa vez na fábrica da Red Bull Racing em Milton-Keynes, num subúrbio de Londres. Tanto Vettel quanto o companheiro Mark Webber estavam na oficina para fazer seus moldes para o assento do RB6, carro que, no ano seguinte, daria ao alemão e à multinacional de energéticos seus primeiros títulos mundiais. "Seb" me concedeu um rápido aceno com a cabeça, mas, ao contrário de Webber, do chefe de equipe Christian Horner e do projetista-gênio que fez da Red Bull a força dominante na F1 atual, Adrian Newey, não pôde gravar entrevista. Já não havia tempo: o mundo precisava ser conquistado.

O primeiro título em 2010 veio de forma até mais difícil do que se esperava. Fernando Alonso, Jenson Button e Mark Webber lideraram a pontuação antes que Vettel assumisse a ponta em meados da temporada. Em uma decisão emocionante em Abu Dhabi, o alemão prevaleceu diante de Alonso, Lewis Hamilton e do companheiro Webber, e, ao cruzar a linha de chegada como campeão mais jovem da história, se derreteu no rádio para a equipe – e a empresa – que os apoiou desde adolescentes: "*I love you guys!*", bradou em um choroso falsete.

Foi nesse dia também que ouvi, de "orelhada" e por absoluta coincidência, outra declaração exclusiva de Vettel. Assisti à corrida do título na TV em São Paulo ao lado do alemão Oliver Holzmann, que, quando trabalhava na Red Bull Alemanha nos anos 1990, contratou um então promissor kartista de catorze anos para o programa de desenvolvimento de pilotos da marca. Quase uma década depois, Vettel não esquecera de suas origens: ligou para agradecer Holzmann no Brasil menos de trinta minutos após a vitória consagradora.

Em 2011, não houve necessidade de tamanha emoção. Como ninguém fizera desde Schumacher em 2004, Vettel massacrou a concorrência, conquistando doze poles e nove vitórias nas quinze primeiras corridas do ano para conquistar seu segundo título com quatro provas de antecipação. Uma precocidade condizente com o piloto que quebrou os principais recordes de "mais jovem" da categoria: mais jovem a pontuar, a conquistar uma pole position, a vencer uma corrida, a ser campeão do mundo e a tornar-se bi, tri e tetracampeão mundial.

Poderá Vettel bater os recordes absolutos de sete títulos, 68 poles (tem 27) e 91 vitórias (já conta dezenove) de Schumacher? O tempo está a seu lado.

P.S.

A surpresa armada pela nossa produção em parceria com a Shell na semana do GP Brasil de 2018 talvez seja um dos vídeos mais famosos do *Acelerados*: o próprio Vettel nos supreeendeu em um posto de São Paulo, chamando a mim e Gerson para um desafio de Voltas Rápidas a bordo de uma Ferrari 488 no Autódromo Velo Città.

Para "sorte" de Vettel, ele foi o único a encarar a pista do Velo Città com asfalto seco. O fato de Gerson e eu termos acelerado no molhado, infelizmente, nos deixou com essa dúvida cruel: quanto, afinal, tomaríamos de tempo de um piloto da Ferrari na ativa na F1 em uma Ferrari de rua?

Mesmo assim, foi um dia inesquecível, em que mais uma vez pude conviver, observar e conversar com o tetracampeão mundial por algumas horas. Pragmático como um alemão, mas com um senso de humor inglês sob a superfície sempre pronto a emergir, Vettel é um piloto de rara inteligência, do tipo que só não multiplicará ainda mais seu multimilionário patrimônio quando se aposentar da F1 por já ter compreendido que, nessa vida, há coisas bem mais importantes que o dinheiro.

Na pista, passou por alguns maus bocados na temporada 2019 nas mãos do esfuziante companheiro novato Charles Leclerc – outro "truta" do *Acelerados*, que pudemos conhecer mais profundamente em outra gravação que já virou clássica –, mas sinto que o talento quase sobre-humano que demonstrou nos anos de Red Bull (e, diga-se, em vários flashes do "velho" Vettel na Ferrari entre 2015 e 2017) ainda está lá, não tão distante da superfície, esperando para desabrochar novamente.

MAR DE LAMA

> Pilotando o "Fórmula 1 da Amazônia" diante de 40 mil pessoas no Jericódromo de Alto Paraíso de Rondônia

"Pelamordedeus, tomem cuidado na curva inclinada", adverte o diretor de prova Renato Ribeiro, o Paraguaio. Ele enumera os perigos que esperam os 23 homens reunidos para o briefing de pilotos que antecede o grande evento do dia. "Se alguém sair da pista naquele ponto, vai acabar morrendo gente com certeza!" Os competidores, em sua maioria com menos de 25 anos, alguns bem acima do peso, todos bem bronzeados, concordam com seriedade. A décima edição da Corrida Nacional de Jericos Motorizados está prestes a começar.

Isso é bom, porque o público que lota o Jericódromo já está indócil. O início do evento foi adiado para coincidir com a chegada do senador Ivo Cassol, cacique político de Rondônia. O senador veio direto de Brasília para a pequena Alto Paraíso especialmente para assistir à corrida.

Mas o que é um jerico, e por que diabos ele surgiu em Alto Paraíso, cidade fundada em 1992 nas franjas do sul da Amazônia, que se autoproclama a "Capital do Jerico"?

O fabricante Silvio Stedile, ou "Silvinho do Jerico", como é conhecido, explica: "Quando a cidade foi construída, no final dos anos 1980, as estradas eram tão ruins que nenhum caminhão normal durava – as peças da lataria caíam. Então as pessoas tiveram que inventar um carro que aguentasse o tranco".

O resultado foram chassis de madeira sustentados por suspensões de jipes velhos e propelidos por geradores estacionários a diesel, normalmente utilizados para gerar eletricidade nas serrarias e minas de estanho da região. O "jerico" (jumento ou burro), animal acostumado a servir como meio de transporte no Nordeste – origem de boa parte dos migrantes que povoaram as cidades mais recentes da Região Norte –, ganhou na Amazônia um irmão motorizado apto a encarar as vicissitudes locais.

Não demorou muito até que algum mineiro local começasse a imaginar se o seu jumento a diesel poderia ser mais rápido do que o construído pelo vizinho fazendeiro. As corridas, no princípio clandestinas, vieram rapidamente. Em 2002, para comemorar o décimo aniversário de Alto Paraíso, um circuito lamacento de 650 metros foi construído na periferia da cidade, e a Corrida Nacional de Jericos Motorizados veio oficialmente ao mundo.

O sucesso foi tão grande que a prova se tornou conhecida no Norte do Brasil como a "Fórmula 1 da Amazônia". Cerca de 40 mil pessoas (mais que o dobro da população da região de Alto Paraíso) aparecem no Jericódromo ano após ano para ver seus heróis acelerarem.

Ser uma estrela da Fórmula 1 é sinônimo de fama e fortuna. Na F1 amazônica, a fortuna vem na forma de uma Honda CG 125 novinha para o vencedor – na verdade duas, já que a Corrida Nacional é dividida em duas categorias, Um Pistão e Dois Pistões. E fama: para Silvinho do Jerico, o reconhecimento garantiu uma eleição para presidente da Câmara Municipal de Alto Paraíso.

O cortejo de Silvinho, no entanto, fica pequeno quando comparado ao dos irmãos Melquisedeque e Cefas de Lara, apelidados pela imprensa local como os "Schumachers de Alto Paraíso". O que me parece um tanto injusto, já que, ao contrário da dupla Michael e Ralf, *ambos* são pilotos campeões: "Melqui" é campeão na categoria Dois Pistões; Cefas, rei da classe Um Pistão.

(Rápido parêntese para um aparte em nome da transparência: chamei a classe de "Dois Pistões" até aqui para não chocar sensibilidades gramaticais. Todos em Alto Paraíso referem-se às categorias como "Um Pistão" e "Dois Pistão", no singular. Farei o mesmo de agora em diante.)

Voltando à Um Pistão, o principal adversário de Cefas na categoria é justamente Silvinho, que ganhou em 2006 e 2007, antes de ser deposto pelo *hat-trick* Cefístico em 2008, 2009 e 2010. Os nomes dos irmãos Lara têm origem bíblica, o que explica a música evangélica explodindo nas caixas de som da oficina onde eles fazem os ajustes finais pré-corrida em seus jericos. "O tempo de competir com o jerico do dia a dia já se foi", Melqui revela. "Hoje, você precisa de um jerico altamente preparado para vencer."

Melqui e Cefas cuidam de suas máquinas o ano todo para aparecer em apenas dois ou três eventos anuais, sendo a Corrida Nacional o maior de todos. Uma olhada na máquina de Melqui revela sua concepção de bólido puro-sangue: o motor é localizado no centro do eixo longitudinal, mas deslocado para a direita no eixo transversal, o que compensa o peso do condutor à esquerda para garantir uma perfeita distribuição do peso sobre as quatro rodas.

Como todos os jericos, o de Melqui é um Frankenstein. Na base, o chassi de uma Kombi antiga garante a rigidez estrutural. A suspensão traseira também é de Kombi, mas a suspa dianteira veio de um Golf. Os freios foram doados por um Fiat Uno.

O sistema de tração é uma obra de arte: a potência do motor é transmitida por uma câmbio de Jeep para um diferencial central feito por Melqui, do qual dois cardãs, também *made by Melqui*, levam a potência para um transeixo dianteiro de Golf na frente e um diferencial central de Kombi cortado na traseira. Sozinho no meio da maior floresta do mundo, o mais velho dos irmãos Lara chegou a uma solução técnica idêntica à introduzida pela Audi no Mundial de Rali WRC com o lendário Quattro dos anos 1980.

A potência vem de um gerador Yanmar, que no catálogo de fábrica apresenta 27 cv de potência. "Mas é impossível vencer a corrida com menos de 50 cv", admite Melqui. "Usamos molas de válvula mais fortes, pistões mais leves e uma mistura [de combustível] mais rica."

Mesmo com a preparação, o motor ainda ronca com aquele clássico *pop-pop-pop* de um diesel a baixas rotações, tal qual o motor de popa de um barquinho de pesca. Só que bem mais veloz: "Já passei de 90 km/h na estrada com o meu jerico, o que significa que o de Melqui passa fácil dos 100 km/h num asfalto bom", acredita Cefas.

Às 15h, Cefas educadamente pede licença, pois precisa fechar a oficina e se preparar para a Parada de Jericos no Centro da cidade.

É para lá que vou. Próximo das 16h, a rua principal começa a entupir com picapes com alto-falantes maiores que elas mesmas, das quais os mais diferentes gêneros musicais jorram em volume ensurdecedor. São cerca de trinta caminhonetes espalhadas por uma avenida de uns 300 metros de comprimento, em franca batalha pelas atenções do sexo oposto.

Quem não tem picape acelera suas motos até o talo, também na esperança de atrair olhares femininos, fazendo assim da Parada de Jericos um dos eventos de maior poluição sonora na história do Planeta Terra. Somando a isso o calor infernal e o ar úmido tão denso que poderia ser cortado com uma faca, e a única forma de uma pessoa sã manter o prumo é dedicando-se à bebida.

Para minha sorte, há muitos ambulantes com garrafas de Johnnie Walker. Uma dose do uísque custa apenas 4 reais, e basta um gole para constatar: trata-se do verdadeiro "Juanito Caminante", versão ilegítima *made in Bolivia* do tradicional uísque escocês. O Red Bull pelo menos é verdadeiro, apesar de a lata trazer as informações do rótulo em espanhol, revelando ter sido igualmente contrabandeada da Bolívia.

Bem quando uma dor de cabeça brutal começa a envolver meu cérebro, Silvinho aparece em um jerico de carga com todas as catorze garotas que competem pelo título de Rainha da Corrida: "Pula aí, *vamo* pra festa!".

Dane-se a dor de cabeça, um convite desses do presidente da Câmara *himself* não pode ser recusado. Em cima da caçamba, atrás da boleia, noto uma longa cicatriz sob a orelha esquerda de Silvinho. "Caí do jerico durante um treino dois anos atrás. Dezesseis pontos e muita dor."

O desfile percorre todo o Centro antes de terminar no Jericódromo. Ao lado do circuito há um lamaçal do tamanho de um campo de futebol, onde acontece uma animada versão amazonense do que os americanos chamam de *Demolition Derby*. Derrapar o carro de forma radical pela lama é o objetivo, e enormes Dodge RAM dividem o espaço com humildes Gols, Palios e Corsas, que encaram o lamaçal *de ré* – única forma de fazer zerinhos com um carro de tração dianteira, afinal.

Pessoas em pé surfando nas caçambas enquanto as caminhonetes derrapam são tão comuns quanto pequenas colisões entre as picaponas. Ninguém parece muito preocupado com os prejuízos: os preços da madeira, do gado e da soja estão em alta no mercado internacional, e sobra dinheiro nessa região de Rondônia.

Por outro lado, a sobriedade é uma commodity menos valorizada, ao menos entre os que se arriscam na lama. "Você tem que entender que isso é o nosso Carnaval", pondera Luzia Garbini, Rainha da Corrida de 2011, procurando justificar diplomaticamente, como convém a uma monarca, o comportamento selvagem dos súditos ao seu redor.

A noite cai, o Jericódromo se esvazia e a festa segue novamente para o Centro. Desisto, e retorno para o hotel. Dormir é a única opção para curar a ressaca de uísque boliviano a tempo para a grande corrida da manhã seguinte.

No domingo, os jericos de competição chegam ao "paddock" – um lamacento curral – às 11h. Uma corrida de quadriciclos aquece a multidão. Enquanto os pilotos esperam pelo briefing do Paraguaio, os fãs gritam por autógrafos, sendo a assinatura do lenhador Alex Oliveira a mais cobiçada. O carro de Alex tem uma pintura de camuflagem e o levou a quatro vitórias consecutivas na Dois Pistão, antes que Melqui o superasse em 2010.

Rápido, porém errático, este legítimo Gilles Villeneuve da Amazônia gosta de falar: "Melqui só ganhou ano passado porque eu capotei", diz. O volante do jerico de Alex traz manoplas de bicicleta soldadas ao aro. "Para ser competitivo no jerico você precisa mudar as marchas muito rápido e com muita frequência", ele explica. "Com as manoplas eu consigo guiar usando apenas a mão esquerda, mantendo a direita na alavanca de câmbio o tempo todo."

Passa das 14h, e os termômetros superam os 40 °C quando o helicóptero do senador Cassol finalmente chega. É hora de acelerar! O formato da competição: quatro jericos largam alinhados lado a lado para baterias de quatro voltas cada. Os dois primeiros se classificam para a próxima rodada, até que restem apenas quatro pilotos para a finalíssima.

Capacete e cinto de segurança subabdominal são os únicos equipamentos de proteção obrigatórios.

A Um Pistão corre a primeira bateria. No jerico #9 (patrocínio: senador Ivo Cassol), Norival Silva assume a liderança na primeira volta. O #8 roda e para em posição arriscada na curva 5; um fiscal com uma bandeira amarela só chega até lá para sinalizar o perigo três voltas depois.

O sorteio coloca Melqui e Alex na mesma bateria preliminar da Dois Pistão – um "choque de titãs", descreve aos gritos pelo sistema de som o narrador.

Melqui e Alex fazem o 1-2 com facilidade, enquanto o #11 abandona por conta de um incêndio no motor. De volta à Um Pistão, Cefas vence sua bateria, enquanto Silvinho é derrotado por seu ex-mecânico Macedo, mas avança às semis em segundo lugar. Outro mecânico da loja de Silvinho, Reginaldo, lidera sua bateria da Dois Pistão até uma quebra na coluna de direção o mandar direto para o topo de um barranco de lama. Reginaldo tira o capacete, ajoelha-se e chora convulsivamente.

Entre uma bateria e outra, os pilotos trabalham febrilmente no paddock para consertar os danos pós-batalhas. As equipes de apoio jogam água limpa em seus olhos – a maioria não usa óculos de proteção, que sujam rápido demais e bloqueiam a visão, e termina cada corrida com os olhos completamente irritados e vermelhos.

A primeira semifinal da Um Pistão traz no grid, lado a lado, Silvinho e Cefas. O vereador assume a ponta na largada, mas o carro de Cefas é claramente mais veloz. Fica evidente então outra realidade: após algumas baterias, ultrapassar no Jericódromo é mais complexo do que ganhar uma posição de Senna em Mônaco.

Apenas o traçado ideal permanece compactado e transitável; todo o resto é terra revirada ou lamaçal com lama grossa e pesada. Buscar outra linha em relação ao jerico que vai à frente significa perder tempo demais. Fora isso, os apex internos das duas curvas mais lentas estão completamente inundados.

"Costumavam deixar que você tocasse o adversário pra dar aquele empurrãozinho pra fora da pista, mas hoje em dia o diretor de prova é rigoroso demais", reclama Cefas, classificado para a final, mesmo tendo de se resignar com o segundo posto.

Na segunda semi da Dois Pistão, Alex e Melqui encontram-se novamente. Melqui toma a liderança na largada, enquanto Alex erra uma marcha e cai para terceiro. Tentando criar um ponto de ultrapassagem onde não existe um, Alex passa reto e atola na lama. Mais um abandono provocado pelo excesso de arrojo do nosso Gilles da Amazônia.

Hora da finalíssima da Um Pistão. O #4 pilotado por Marcelo Bogorni faz a melhor largada, deixando Silvinho e Cefas em uma disputa acirrada pelo segundo lugar. Na saída da curva 1, a forma como quase tocam rodas lembra Schumacher espremendo Rubinho contra o muro no GP da Hungria de 2010. Não há contato, mas a disputa afoita leva ambos para fora da pista e para dentro de uma poça gigantesca.

É o suficiente para dar a Marcelo uma liderança insuperável. Pela primeira vez em sete tentativas, ele vence a Corrida Nacional, apesar de o cabo do seu pedal do acelerador ter se rompido na segunda volta.

"Tive de agarrar o cabo e acelerar com a mão direita", diz placidamente, sem um pingo de bravata. O cabo arrebentado significa que Marcelo precisava tirar a mão esquerda do volante e cruzá-la à frente do peito até o câmbio a cada uma das dezenas de trocas de marcha por volta, mas pareço ser o único no pódio a ficar perplexo com essa demonstração de habilidade nível Hamilton.

Sem Alex, a final da Dois Pistão deveria ser um passeio para Melqui, o que parece ser o caso quando ele assume a ponta na curva 1. Mas, na maliciosa curva 2, o impensável acontece: o campeão roda.

O incrédulo "Ohhh!" que emana do público remete à reação causada por uma dupla falta de Roger Federer em uma final em Wimbledon. Melqui cai para último, enquanto Dirceu Bogorni – irmão de Marcelo – pula para primeiro, apenas para sofrer uma quebra no câmbio uma volta depois.

Na terceira volta, Melqui dá um totó em Juliano e salta para segundo, atrás de Ismael. Ver o campeão crescendo nos hipotéticos retrovisores na última volta é demais para o jovem Ismael, que erra a curva 5 e naufraga em outra poça gigante. A multidão enlouquece quando Melqui voa para conquistar sua segunda moto Honda consecutiva.

E assim termina o Carnaval. Vencedores, derrotados, políticos locais, este repórter forasteiro: todo mundo pula ou é jogado no lamaçal da curva 5. Em meio à euforia, convenço Marcelo a emprestar-me a "chave" do seu jerico campeão.

Em uma sequência que seria impensável na Fórmula 1-que-não--a-da-Amazônia, invado a pista acelerando. O jerico de Marcelo é ao mesmo tempo o pior e mais divertido carro que já pilotei. O torque do motor a diesel leva a traquitana a velocidades surpreendentes ou talvez até assustadoras, dados os itens de segurança do bólido – recapitulando: nenhum – e as condições precárias da "pista".

As trocas de marcha são fáceis e suaves como em uma Rural Willys 1962 cuja caixa de câmbio foi imergida em um tonel de lama, e a relação do volante é comicamente lenta – entendo a inovação das manoplas do pioneiro Alex. Não há como negar: a tarefa de administrar isso tudo enquanto se sacoleja e se toma lama e pedriscos nos olhos (decidindo privilegiar a visibilidade, também abri mão do capacete) é um desafio de pilotagem em nível mundial.

Já vermelhos como os de Bob Marley, meus olhos aguentam por pouco mais de uma volta. Na curva 5, estaciono e me junto à criançada na "piscina". O sol vai embora e o vento resfria nossas roupas ensopadas e enlameadas.

Sem problemas: tem Juanito Caminante suficiente para nos manter aquecidos madrugada adentro.

P.S.

Fui à edição de 2013 da Corrida Nacional de Jericos acompanhado do fotógrafo Marcelo Maragni para produzirmos uma matéria para o *Red Bulletin*, a revista de lifestyle com circulação mundial bancada pelo Red Bull Media House.

Desde o início do *Acelerados*, no ano seguinte, desejei demais retornar para competir e gravar no evento. Não foi possível até hoje, infelizmente: a tradição anual da Corrida Nacional encerrou-se em 2015.

INFERNO VERDE

Setenta e três curvas e 20,8 km de extensão: domar o temível anel norte de Nürburgring exige coragem, frieza e vários euros...

"Não repare, estou com uma ressaca monstro", confessa Ron Simons, contendo um bocejo ao virar a chave da Alfa Romeo 75 com a qual estamos prestes a atacar o Nordschleife de Nürburgring. "Dei uma festa ontem aqui na oficina e tomei cerveja até as três da manhã". Respiro fundo: minha iniciação nos 20.832 metros mais temíveis do automobilismo mundial está prestes a começar.

Caso você tenha vivido sob uma pedra nos últimos cinquenta anos, o Nordschleife – em alemão, "anel norte" – é tido como o circuito mais difícil do mundo. Sede do Grande Prêmio da Alemanha de 1951 a 1976, o autódromo foi abandonado pela Fórmula 1 após o terrível acidente de Niki Lauda, que deixou cicatrizes permanentes no rosto do austríaco. A partir de 1984, a F1 retornou a Nürburgring usando o Sudschleife, o "anel sul", de 5.148 metros.

Em 1976, o tempo necessário para as equipes de resgate chegarem à Ferrari em chamas de Lauda teria custado a vida do tricampeão mundial, não fosse a solidariedade (e coragem) dos colegas Arturo Merzario, Guy Edwards, Brett Lunger e Harald Ertl. Não foi à toa que outro tricampeão, Jackie Stewart, cunhou nos anos 1960 o apelido pelo qual o traçado é célebre até hoje: *The Green Hell*. O "Inferno Verde".

A definição de Stewart justifica-se por 73 curvas (oficialmente; na prática são mais de cem, já que vários complexos de curvas recebem um único nome), mudanças de elevação superiores a 300 metros e, atualmente, um polêmico número de acidentes fatais nos dias em que a pista é aberta ao público. Fóruns de *ring rats*, como os aficionados da pista se autodenominam, falam de qualquer coisa entre cinco e cinquenta a cada doze meses.

Mais do que números, porém, a mística do Nordschleife, obra propositalmente faraônica comissionada em 1925 para gerar empregos em uma Alemanha ainda devastada pela Primeira Guerra, é feita de estórias. Como a de um jovem Nelson Piquet que, em 1978, disputou uma prova de F3 no Inferno Verde e rodou logo em sua primeira volta. No momento de retornar à pista, viu-se em um impasse: não sabia qual sentido tomar. Teve de esperar outro carro passar para confirmar a direção correta.

Ou a de um já veterano Juan Manuel Fangio, que obteve no anel norte em uma Maserati a mais célebre vitória de sua carreira em 1957, descontando 52 segundos das Ferraris de Mike Hawthorne e Peter Collins em apenas nove voltas. O argentino pentacampeão bateu o recorde da pista nove vezes consecutivas na perseguição, finalmente estabelecendo uma marca oito segundos mais rápida do que o recorde anterior.

Mas chega de história. Todos esses mitos e números diluem-se na minha cabeça assim que o holandês Ron vira a chave da Alfa, acordando os 200 cv do motor V6 Busso de 3.0 litros em uma sinfonia mais italiana que Pavarotti. Serão três voltas de treinamento teórico como passageiro de Ron antes de o volante trocar de mãos.

Simons, um veterano de diversas categorias de turismo europeias, é o dono do que é, na prática, a escola de pilotagem oficial do Nordschleife: a RSR Nürburg. Ron contabiliza cerca de 1.200 voltas no Inferno Verde completadas a cada ano, e estima que ao todo tenha dado mais de 20 mil, ou 19.900 a mais do que é geralmente considerado o número mínimo para que um novato adquira um domínio básico do traçado.

O holandês é também o instrutor oficial para os pilotos não alemães na principal prova oficial ainda contestada no anel norte, as 24 Horas de Nürburgring, uma loucura que atrai 240 carros e mais de 200 mil pessoas anualmente. Sua oficina está baseada a apenas 500 metros da pista, em um galpão que abriga o que provavelmente é a maior coleção privada de Alfas 75 ainda na ativa em todo o mundo, todas devidamente "depenadas" internamente e equipadas com santantônio.

Bem menos elegante visualmente do que a 155 que a substituiu, a 75 tem um grande trunfo sobre a sucessora: tração traseira. Aliada a um peso baixo, distribuição de massa quase perfeita (ajudada pelo câmbio montado sobre o eixo traseiro) e um V6 que, com um pouco de preparação, pode superar os 300 cv sem dificuldades, a 75 é um carro-escola ideal, que reduz a possibilidade de erros sem, porém, escondê-los.

"É um carro de corrida altamente competente do ponto de vista técnico, oculto sob uma carroceria de sedã altamente feiosa", brinca Ron. "Sem ABS, sem controle de tração, sem controle de estabilidade – sem frescura", continua, sem disfarçar um sorriso.

O dia não havia começado com um holandês de ressaca ao meu lado, contudo. A magia do Nordschleife reside justamente no fato de a pista ser aberta a qualquer pessoa com uma carteira de motorista. Ingressos custam de 19 euros por uma volta até 895 euros pelo passe anual ilimitado. Munido de um Opel Corsa 2007 alugado em Paris (modelo europeu, não disponível no Brasil), optei pelo passe de 124 euros por oito voltas.

Com um acabamento interno do nível do nosso Vectra, o Corsa demonstrou ser uma montaria suave, confiável e... dolorosamente lenta. Após duas voltas, tornou-se patente que algo oferecendo mais do que os 80 cv do motor 1.2 do Opel era necessário. Além disso, por mais que horas desperdiçadas jogando *Gran Turismo 4* me garantissem uma ideia básica da direção do traçado, o número de curvas cegas do Nordschleife é tão elevado que mesmo o baixo potencial do Corsa não estava sendo totalmente explorado.

Empresas que alugam carros de corrida abundam no entorno da pista, mas conversas rápidas com três ou quatro *ring rats* no local – facilmente identificáveis pelos adesivos com o traçado do Nordschleife na traseira de seus Porsches e BMWs – apontaram na direção da RSR Nürburg.

Ron normalmente cobra 575 euros pelo seu programa de um dia, que envolve quatro saídas à pista ao todo, uma com o holandês ao volante e outras três em três diferentes Alfas: uma 75 2.0 de 140 cv com poucas modificações de suspensão, outra com suspensão e caixa de direção mais agressivas, mas também com o motor 2.0, e finalmente o "filé": a 75 3.0 V6 de 200 cv com suspensão full racing regulável e pneus slick.

Logo na primeira volta, o holandês chama a atenção para marcas de pneu atingindo 2 metros de altura em um barranco na saída da curva Ex-Mühle, um mergulho à direita que se transforma em uma subida incrivelmente íngreme a partir do apex. "Foram deixadas por um Porsche 911 hoje de manhã", revela. "Repare como o guard-rail é todo novo nessa seção. A subida em curva é tão forte que um 911, com o peso todo na traseira, é exigido demais na hora de tracionar na saída. Nesse ponto, todo cuidado é pouco." Todo cuidado mesmo: para cada metro de guard-rail avariado, são cobrados 1.300 euros do pretendente a piloto. E, com áreas de escape projetadas há mais de oitenta anos, é no guard-rail que qualquer saída de pista costuma terminar.

No banco de trás da Alfa, o fotógrafo Roberto Zanine tenta registrar as inacreditáveis marcas no barranco, bem diante dos fiscais de pista ainda no local.

"Cuidado com as fotos", Ron alerta. "São proibidas. As pessoas tiram fotos de coisas assim, depois jogam na internet... É péssima publicidade para a pista."

Era a segunda contravenção do dia – a primeira havia sido andar com o Corsa alugado pouco antes, já que carros de locadoras teoricamente não podem ser utilizados no Nordschleife. Não há, porém, controle nenhum (nem mesmo conferência da carteira de motorista) no acesso ao circuito. Tudo funciona na base da presunção de civilidade germânica.

Imaginando o que teria acontecido com o dono do Porsche que subiu barranco acima, pergunto a Ron sobre os acidentes fatais.

"É verdade que morrem cinquenta pessoas por ano aqui?"

"De jeito nenhum, bem menos. Há dois anos ninguém morre em acidente de carro." Fazia algum sentido: o site que alegava cinquenta fatalidades anuais especificava quarenta como sendo de motociclistas, dado que repasso ao holandês.

"Ah, sim", suspira. "Bom, motos são outra estória..."

As voltas como passageiro de Ron são úteis para memorizar pontos críticos da pista e aprender alguns macetes. Por exemplo: nas curvas de menor visibilidade, um discreto ponto branco pintado no asfalto marca o ponto ideal para iniciar a tomada. "Esses pontos não aparecem no PlayStation", conto a Ron.

"*Pfui*", bufa o holandês, *à la* Paulo Francis. "O PlayStation é o maior causador de problemas aqui. Essa pista tem onze tipos de asfalto diferentes e variações climáticas que nenhum videogame reproduz. Sem contar que, a cada volta completada, já se passaram dez minutos que você passou pelo mesmo ponto na volta anterior – as condições de aderência de uma mesma curva podem ter mudado completamente."

Palavras que pouco ajudam minha confiança enquanto ponho o capacete e aperto os cintos para minhas primeiras voltas com a 75 2.0. Ao virar a chave, o primeiro susto: no check-control do painel típico dos anos 1980, várias luzes de aviso, incluindo a dos freios e a do motor, piscam incessantemente. Pelo rádio, aviso Ron que talvez haja algo errado com o carro.

"Não, é assim mesmo", desconversa. "Se todas as luzes apagarem, aí, sim, você tem um problema."

Seria este o momento de entrar em pânico, não fosse o grande diferencial da RSR: Ron sempre guia sua própria Alfa cerca de 15 metros à frente do aluno enquanto passa instruções via rádio. Assim, mesmo pilotos com pouca ou nenhuma experiência no Norsdchleife conseguem atacar as curvas "de cara". Nos inúmeros pontos cegos da pista, em que a Alfa de Ron serve como ponto de referência, esse artifício faz toda a diferença.

Mesmo com Simons à frente narrando a marcha a ser engatada e dando outras dicas, a Alfa 2.0 não é páreo para os 911s e M3s dos *ring rats*. Ultrapassagens são permitidas somente pela esquerda, e paciência não parece ser o forte dos ratos do Nordschleife. Na lenta seção Brünnchen, onde passar é praticamente impossível, uma M3 cola no meu para-choque traseiro, insistindo em pedir passagem com sinais de luz.

"Termine a chicane e aí, sim, abra", Ron orienta. "Não fique intimidado."

Ter o carro-guia do holandês à frente faz com que a confiança do aluno aumente em progressão geométrica. Quando finalmente pego a Alfa V6, socada no chão e com potência e torque suficientes para incomodar os *rats*, já me sinto como um antigo piloto do DTM, último campeonato importante a realizar provas no Norsdschleife (a última foi em 1993, e as imagens valem muito uma visita ao YouTube).

Na descida da Flügplatz – ou "campo de voo", já que os carros em alta velocidade tiram as quatro rodas do chão nesse ponto –, um Mitsubishi Evo aparentando mais que os 295 cv originais me ultrapassa e abre com alguma facilidade na reta. Logo na seção seguinte, nas curvas cegas de Adenauer Forst, a referência de Ron à frente me possibilita dar o troco e, após a sequência das curvas Metzgesfeld e Kallenhard, despachar o Evo definitivamente. A satisfação é indescritível.

Embalado, começo a "empurrar" Ron, que aumenta o seu próprio ritmo para satisfazer minha crescente autoconfiança. Contornamos o cotovelo da Wehrseifen com pneus cantando como nunca, implorando por aderência, e nos aproximamos da subida da Ex-Mühle. Reduzo para terceira e cravo o pé no acelerador com convicção; a traseira chicoteia violentamente, e a Alfa guina com força para o lado de dentro da pista. Reflexo puro, consigo corrigir a tempo e evitar a adição de novas marcas às do Porsche-escalador-de-barrancos.

Observando via retrovisor, Ron não se contém: "Isso, meu amigo, é o que chamamos de 'traseirada'".

Minutos depois, fora do carro, vejo a foto que Zanine bateu instantes após o porta-malas da Alfa tentar ultrapassar o capô na saída da Ex-Mühle. Há um sorriso histérico no meu rosto; 575 euros por essa sensação é uma verdadeira barganha.

Ao fim do dia, entre um Corsa lento e Alfas rápidas, havia completado catorze voltas no Inferno Verde e saído intacto, física e financeiramente. Se é verdade que cem voltas são necessárias para aprender a pista, mal posso esperar pelas 86 restantes.

P.S.

Ainda não tive a chance de pilotar novamente no Nordschleife gravando para o *Acelerados*, mas estivemos no Inferno Verde para as 24h de Nürburgring e para o lançamento do "Incrível Hulk", a Mercedes AMG GT R.

▶ Veja os vídeos:

24h:
https://youtu.be/iwXVvziJrgk

AMG GT R:
https://youtu.be/YrgnnXbTdN0

9
ESPIONAGEM INDUSTRIAL

Uma visita à oficina da Red Bull Racing na Inglaterra para responder à mais difícil das perguntas: como se faz uma equipe vencedora na Fórmula 1?

Na F1, como na teoria einsteniana, tudo é relativo. De nada adianta uma equipe tornar seu carro meio segundo mais rápido de um ano para o outro, por exemplo, se a concorrência evoluir um segundo inteiro no mesmo período.

Por isso progredir no grid da F1 é tão difícil. Não basta avançar – é preciso avançar de forma anormalmente rápida. Somente Ferrari, McLaren, Williams e Renault/Benetton venceram títulos entre 1984 e 2008, até a série ser quebrada pela Brawn em 2009 – o salto dado por equipes como Red Bull e a própria Brawn naquele ano, mais do que impressionante, é incrivelmente raro.

O caso da Brawn é relativamente fácil de entender. Tratava-se, afinal, de uma equipe estruturada por uma montadora, e, ainda que a saída da Honda aos 45 minutos do segundo tempo no finzinho de 2008 tenha complicado a vida de Ross Brawn e seus comandados, permanece o fato de que foram os milhões de ienes e a expertise da gigante japonesa que tornaram possível o velocíssimo BGP001.

Já o RB5 que venceu seis corridas nas mãos de Sebastian Vettel e Mark Webber em 2009 e deu origem ao melhor carro da F1 em 2010, o RB6, é resultado de uma quebra de paradigma. Ou de duas, na realidade.

A primeira começou em 2005, quando uma fabricante de energéticos decidiu abraçar a F1 com planos ambiciosos, quase irrealistas, de derrotar as potências da indústria automobilística em seu próprio jogo. E a segunda em meados de 2008, quando um homem chamado Adrian Newey leu pela primeira vez o novo regulamento da F1 para o ano seguinte.

Para ajudar a entender essas duas revoluções, a Red Bull Racing me abriu suas portas em Milton-Keynes, a 80 km de Londres, para uma visita irrestrita. Vi cada departamento, sala e seção do complexo onde mais de seiscentas pessoas trabalham em tempo integral com um único objetivo: desenhar, construir e colocar na pista dois carros de corrida em condições de brigar pela vitória.

Nada dá tão bem a medida no nível de complexidade e investimento exigido pela F1 atual do que as instalações de uma equipe de ponta. Nosso tour começa pelo departamento de design, e o choque inicial é inevitável. São mais de duzentos projetistas, cada um com seu próprio cubículo em uma sala que facilmente ocuparia um andar inteiro em um grande edifício comercial de São Paulo.

Esse batalhão projeta literalmente centenas de partes novas *por mês*, destinadas a alimentar o ente mutante que é um carro de F1, uma máquina em evolução permanente que termina uma temporada com poucas partes em comum com o bólido que iniciou o ano. Nem todas essas partes desenhadas chegam à linha de produção, contudo. Pois a Red Bull Racing abriga também um dos maiores supercomputadores da Europa, um monstro de milhões de euros e toneladas de peso dedicado a uma missão apenas: realizar cálculos de CFD, ou *computational fluid dynamics*.

Na prática, a dinâmica de fluidos computacional é o "novo" túnel de vento. Através do CFD, partes são testadas 100% virtualmente, e apenas as que apresentam resultados positivos no mundo virtual acabam transportadas para a realidade concreta. Tão cedo, porém, o CFD não matará completamente os túneis: "Os cálculos envolvidos são tão complexos que uma parte que levaria 25 minutos para ser testada no túnel pode levar até um mês via CFD", revela o aerodinamicista-chefe do time, Andrew Alessi.

Alessi é parte de uma equipe de quinze aerodinamicistas focados em traduzir para o computador as criações do diretor técnico Newey. O maior designer da história da F1 segue projetando com papel e lápis, em uma imensa prancheta em seu escritório na fábrica.

Peça para qualquer profissional da F1 definir "Adrian Newey" em uma palavra, e a resposta mais frequente será: "gênio". Pai das imbatíveis Williams de suspensão ativa no início dos anos 1990 e das McLarens campeãs em 1998 e 1999, no início da era de pneus com ranhuras, Newey mostrou uma vez mais em 2009 ser o mais criativo dos projetistas sempre que a F1 altera radicalmente suas regras. O bem-nascido RB5 de 2009 foi a base para o dominante RB6 de 2010.

"Algumas pessoas nos criticaram quando contratamos Adrian, dizendo que ele era um dinossauro de uma era já extinta", admite o chefe de equipe da RBR, Christian Horner. "Mas basta dar uma olhada no RB5 e no RB6 e ver como eles são diferentes dos demais carros para perceber que Newey continua expandindo os limites da criação na F1 mais além do que qualquer outro designer."

A verdade é que, em circunstâncias políticas "normais", o primeiro título da Red Bull deveria ter vindo em 2009, e não apenas no ano seguinte.

"Desde a primeira vez que colocamos o RB5 na pista, sabíamos ter nas mãos algo especial", conta Mark Webber. "Mesmo de tanque cheio, éramos mais rápidos do que a concorrência, até com certa facilidade. Foi uma pena que, uma semana antes da primeira corrida do ano, apareceram a Brawn e o seu difusor duplo..."

"Mordidos" com a saída de Honda e Toyota no ano anterior e com a intransigência das montadoras às suas propostas de redução de custos na F1, Bernie Ecclestone e a FIA tomaram o lado da Brawn na polêmica do difusor duplo, felizes em ver um time (agora) independente batendo na pista as montadoras restantes: McLaren-Mercedes, Ferrari, BMW e Renault. Muito devido a essa postura da FIA, 2009 seria o último ano na F1 também para a BMW.

"Não fosse o imbróglio dos difusores, provavelmente teríamos sido campeões em 2009", complementa Horner. Os números lhe dão razão: considerando a pontuação daquele ano apenas do GP da Inglaterra em diante, quando a Red Bull estreou seu difusor duplo adaptado às pressas, Sebastian Vettel foi o melhor, com 55 pontos, seguido por Mark Webber e Rubens Barrichello, com 42, e Jenson Button, com 34.

"A intenção do regulamento de 2009 era mover o ponto de início do difusor para a altura do eixo traseiro, ao invés do início do pneu traseiro, onde ele estava desde 1993", detalha o próprio Newey. "Chegamos a considerar a possibilidade de um difusor duplo no início do processo de design do carro, mas descartamos por ter certeza de que essa solução seria ilegal. Inesperadamente, estávamos enganados."

Polêmicas à parte, voltemos ao tour. As criações de Adrian começam a tomar forma na sala seguinte, lar do SLA (*stereolitography apparatus*). O que essa sigla intraduzível denomina são máquinas de molde a laser que fabricam as peças aprovadas pelo CFD em um polímero específico, em escala reduzida. Paulatinamente e com precisão cirúrgica, as partes são esculpidas em processos que chegam a durar mais de cem horas ininterruptas.

Concluídas em polímero, essas partes finalmente são testadas em um modelo em escala de 60%, em um túnel de vento em Bedford, também na Inglaterra. Aprovadas lá, o conceito retorna à Milton-Keynes para virar realidade, agora em tamanho real e em fibra de carbono.

No meio do caminho entre o departamento de design e o de fabricação, paramos antes em outra área com capacidade computacional para gerenciar a Itaipu Binacional: o *Race Operations Room*. Luxo que somente as equipes de ponta possuem, trata-se de uma reprodução da barraca de cronometragem da mureta dos boxes, ponto tradicional onde os chefes de equipe e engenheiros monitoram cada detalhe da corrida.

Montado ao estilo das salas de comando de operações da NASA, o local abriga mais de uma dúzia de engenheiros nos finais de semana de grande prêmio, comandados a distância, do autódromo, pelo chefe de estratégia do time, o inglês Neil Martin. Utilizando uma montanha de dados de telemetria, GPS e até meteorologia, os engenheiros do ROR simulam o tempo todo as corridas de Vettel, Webber e também de seus concorrentes para otimizar a estratégia ideal em tempo real ao longo da prova – qual a volta mais adequada para fazer um pit stop e quantos quilos de combustível devem ser colocados no tanque, por exemplo.

Também dividindo as alas de design e fabricação no complexo de Milton-Keynes está uma academia completa. "Com o fim do reabastecimento no final de 2009, nossos mecânicos precisam estar no ápice da forma física para trocar quatro pneus em menos de três segundos", explica Horner.

Passando pela academia, chega-se à imensa área que justifica o porquê de as sedes de equipes de F1 serem chamadas, em inglês, de *factory* – literalmente, "fábrica". O maquinário, a área e o e pessoal exigidos para manufaturar e seguir desenvolvendo um carro de ponta só encontram paralelo na indústria aeroespacial.

Tudo começa em um setor de moldes, onde são feitos os gabaritos que darão forma às novas partes de fibra de carbono, material que chega a custar 1.500 reais por metro quadrado – e a metragem utilizada ao longo de uma temporada cobriria várias mansões... A fibra é então colocada nos moldes em uma sala 100% asséptica, com funcionários higienizados na saída e na entrada, tal como em uma usina nuclear. Qualquer contaminação externa pode inutilizar as novas peças.

Molde feito, é necessário cozinhar a fibra para que ela assuma a rigidez e a leveza excepcionais que a tornam o material-base da F1 moderna. Para isso, são utilizados dois gigantescos fornos, as autoclaves, cada um do tamanho de uma pequena casa, onde as partes são aquecidas a mais de 100 ºC por períodos que podem superar doze horas. Dali, elas seguem para um setor de acabamento, onde as rebarbas da fibra são retiradas e partes pequenas, como a série de flaps complexos que compõem uma asa dianteira, são coladas com precisão microscópica.

Ainda há muito a ser feito antes que um carro chegue à pista, todavia. Um setor de controle de qualidade examina cada item produzido, e cada peça do carro é catalogada com um código que permite gravar e acompanhar o histórico completo do item – quilometragem percorrida, data de fabricação, vida útil por vir. Esse mesmo setor possui máquinas hidráulicas para levar cada peça ao seu ponto de estresse máximo, para determinar sua durabilidade em cada circunstância. O processo de estresse é aplicado a todas as partes produzidas em Milton-Keynes: tudo menos motor, componentes internos do câmbio, discos e pinças de freio e os conjuntos de rodas e pneus.

Bólido pronto, os chassis são finalmente transferidos para as *race bays*, ou baias. É nessa área que os mecânicos trabalham no acerto e na manutenção dos carros, ou seja, em que a parte "esportiva", e não a industrial, acontece. As baias ocupam cerca de 5% da área da sede de Milton-Keynes e, sozinhas, são equivalentes em tamanho e complexidade às oficinas completas das melhores equipes de Stock Car no Brasil. No dia de nossa visita, Sebastian Vettel também está por lá, fazendo o molde para um novo assento.

Se você achou o processo demasiado complexo, lembre disto: durante a maior parte do ano, todas essas etapas são separadas em duas linhas paralelas, com o staff se dividindo entre o desenvolvimento do carro do ano corrente e, a partir de meados de maio, a criação do bólido para o ano seguinte.

Neste caso, o RB7, de formas ainda indefinidas, mas já nascido com a genialidade de Adrian Newey em seu DNA.

P.S.

A visita à fábrica da Red Bull Racing em 2010 foi a pauta para minha principal matéria no *Anuário AutoMotor* daquele ano. À época, eu ainda era o responsável pela comunicação de motorsport da marca de energéticos no Brasil. Como funcionário da própria Red Bull, tive um nível de acesso à fábrica – incluindo entrevistas exclusivas com Newey, Horner e Webber – que, imagino, jamais seria dado a um jornalista brasileiro "normal".

O número mais impressionante dessa matéria: em 2010, a Red Bull do Brasil era a quarta operação da marca no mundo, atrás apenas de Estados Unidos, Alemanha e Inglaterra. Vendia anualmente cerca de 200 milhões de latas do energético em todo o território nacional.

Para chegar a esse resultado, contava com aproximadamente... seiscentos funcionários. O mesmo número que a RBR precisava para construir dois carros de corrida e colocá-los para competir em dezoito finais de semana por ano.

10
PÉ NA TÁBUA!

Batendo roda com Nelson Piquet em uma divertida corrida de calhambeques

"Pessoal, vamos fazer assim, então: quem for terminando de almoçar, desce até o box e leva o carro para fazer o treino de classificação!", pede o mestre de cerimônias pelo alto-falante, no início da tarde quente e nublada. Em clima de bagunça organizada, sem muita preocupação com cronogramas ou outras formalidades que possam atrapalhar a diversão de todos, a 2ª Corrida Pé na Tábua de Calhambeques está prestes a começar.

O "autódromo" da disputa é o Speed Park, localizado na cidade de Franca, a 430 km de São Paulo. "Autódromo" entre aspas porque o Speed Park é pouco mais que uma tripa de asfalto ondulando entre cafezais por 1.400 metros de extensão, sem artifícios "modernos" como áreas de escape ou caixas de brita.

O que só aumenta o charme da Corrida de Calhambeques: o asfalto "cru", sem faixas pintadas ou zebras, de fato lembra as estradas europeias e americanas que eram utilizadas pelo automobilismo mundial nos idos de 1936, ano-limite para a fabricação dos carros participantes da prova desse ano no interior paulista.

O relaxado MC do primeiro parágrafo é Tiago Songa, uma mistura de Bernie Ecclestone com Reginaldo Leme – além de organizar e promover o evento, circula sempre com um microfone sem fio para juntar-se ao narrador Geleia, oferecendo informações sobre cada competidor para as cerca de 1.500 pessoas que lotam o Speed Park. Não há exagero algum em dizer que Songa conhece detalhadamente cada um dos 36 veículos inscritos.

Jornalista francano cuja barba e sotaque remetem a um jovem Lula, Tiago é um representante genuíno de um contingente de antigomobilistas ainda raro no Brasil: os que gostam de acelerar. Se lá fora provas como o Monterey Historics em Laguna Seca atraem multidões para assistir a bólidos clássicos da F1, Indy e Le Mans andando forte no circuito californiano, por aqui ainda predominam entre os antigos os eventos meramente expositivos.

Por isso, não podíamos deixar passar a chance de apertar forte o pedal da direita em uma relíquia da década de 1920. E não fomos os únicos, já que o evento atraiu outro piloto profissional, *ligeiramente* mais talentoso: Nelson Piquet Souto Maior.

Nelsão foi a Franca cantar pneus em seu atual xodó, adquirido em 2007 e restaurado ao longo dos quatro anos seguintes: um Lincoln 1927 de competição, que correu no Circuito da Gávea em 1933, pelas mãos do piloto uruguaio Hector Supicci. Espécie de tataravô do GP do Brasil de Fórmula 1, o Circuito da Gávea foi a primeira prova de automobilismo internacionalmente relevante realizada em nosso país.

Fiel à fama de *bon-vivant*, o tricampeão percorreu os 670 km desde sua casa em Brasília até o Speed Park ao volante de um Rolls-Royce Corniche conversível, ano 1977.

Azul-bebê, o Lincoln de Piquet chega a lembrar os Bugattis que dominavam os Grands Prix na década de 1930. Debaixo do imenso capô, um V8 Ford Flathead com potência estimada em "quase 200 cv" – em sua época áurea, é claro. "Não dá para acelerar tudo em um carro tão antigo assim, mas guiar o Lincoln é uma delícia", sorri Nelson, com a irreverência tradicional: "Depois dos sessenta anos, seja carro ou seja homem, o que vier é lucro".

Tal como em seus tempos de F-Ford e F-3 Inglesa, Nelsão continua um "graxeiro". Logo em sua primeira saída para a pista, o Lincoln falha. Piquet para em plena reta dos boxes, abre o capozão e retira o filtro de ar para o V8 de 3.9 litros respirar melhor. Não adianta. De volta ao box, o tricampeão saca a caixa de ferramentas e começa a trabalhar. Velas, carburador, cabo do acelerador, tudo é inspecionado pelo algoz de Nigel Mansell, que só cessa o trabalho quando a usina volta a soar redonda.

Isso é uma má notícia para o "nosso" bólido, um Ford A Speedster 1929, que vai competir na mesma categoria do Lincoln, a Speed, destinada a carros de competição. Seu dono é o comerciante mineiro José Rosas, que jura já ter recusado mais de 250 mil reais pela preciosidade adquirida em 2007 do proprietário original e posteriormente restaurada ao estado de zero-quilômetro atual.

"Meu pai aprendeu a dirigir em um Ford A. Na primeira vez que foi sair, confundiu a primeira com a ré e derrubou a parede de casa", sorri Rosas, relatando um incidente não tão raro assim – no "Fordeco", a ré é para a frente e a primeira marcha é para trás, onde seria a segunda em um carro moderno.

Com a bênção de Zé Rosas, recebo o gorrinho de couro *vintage* oferecido pela organização, mas – tal qual Nelsão – opto por proteger minha calota craniana com tecnologia contemporânea antes de subir no belíssimo Speedster amarelo número 999, uma homenagem ao lendário Ford 999, que, pilotado pelo próprio Henry Ford, foi o primeiro carro a superar a barreira das 90 milhas por hora ao atingir 147 km/h, em 1904.

"Subir", aliás, não é força de expressão: o piloto de um Ford A viaja na altura do motorista de um SUV grande moderno. Mas, afora os bigodes sob os raios (de metal maciço!) do volante, que regulam o ponto de ignição e a aceleração em marcha lenta, guiar o Speedster é uma experiência contemporânea: a disposição da pedaleira é idêntica à de um carro atual, e o câmbio também está onde se espera, ao alcance da mão direita.

A primeira diferença gritante vem ao passar da primeira para a segunda marcha: sem sincronizador, evitar aquele doloroso RSHCRRR de metal, principalmente nas reduções, leva um certo tempo. Precisão total para combinar rotação do motor com rotação do câmbio é a receita para trocas perfeitas.

Dominando isso, acelerar o Speedster é uma prazerosa viagem no tempo, desde que sempre respeitando as limitações do velho senhor de 83 anos, principalmente em relação aos freios de lona e aos pneus com largura de bicicleta. Os 40 cv do motor quatro cilindros podem não parecer muito, mas precisam empurrar menos de 800 kg. Fora isso, os 3.3 litros de deslocamento da usina garantem um torque bastante interessante ao Fordeco, apesar do pouco fôlego da caixa de apenas três marchas.

Já na segunda volta, entro forte o suficiente nas curvas para os pneus cantarem em todas elas. A suspensão de feixe de molas, sem amortecedores, nasceu para enfrentar as estradas esburacadas da época. O efeito colateral disso é um acerto "esportivo", ou seja, a suspensão é tão dura que o carro "rola" pouco nas curvas, exigindo o máximo dos pneuzinhos estreitos. As traseiradas são inevitáveis e não tão fáceis assim de corrigir, já que o volante, lento e com uma enorme folga no centro, é tão preciso quanto o timão do navio Costa Concordia.

O domingo amanhece ensolarado, e as corridas começam para valer. O evento é dividido em quatro categorias: Ford A, Speed, Miscelânea (basicamente tudo que não se enquadra nas outras duas, incluindo um raríssimo De Soto 1927) e Transplantados (carros antigos com mecânica moderna, os chamados *hot rods*).

Na Ford A, o carro número 30, que vinha em um sólido segundo lugar, sofre uma quebra nos aros de madeira da roda dianteira direita, passa reto e atola na grama. Durante o resgate, o piloto, o brasiliense Adelino Rodrigues, não perde o bom humor e elogia o seu mecânico: "O Ricardo é o melhor de todos, resolve problema de Ford, de Chevrolet... Se tiver uma carroça com um burro meio doente da barriga, ele também vai lá e resolve".

Na Transplantados, os *hot rods* chegam a ser velozes demais para o apertado traçado francano, e dois pilotos se excedem, e muito, na empolgação: rodam e saem da pista em velocidade considerável (e assustadora para quem, como nós, está fotografando a ação em um barranco do circuito). "Essa deveria ser a categoria 'Joselitos'", ri o fotógrafo Bruno Terena.

Mas é claro que a mais esperada é a categoria Speed, em que o Lincoln de Nelsão enfrentará uma tropa de Fords A Speedster. Seria uma briga desigual se o tricampeão, com um sorriso de menino no rosto, não deixasse todos os concorrentes o ultrapassarem logo na primeira volta.

Ganhar posições no estreito Speed Park é tarefa para poucos, e evidentemente Piquet é um destes. Em duas voltas ele faz o carrão flexionar os velhos músculos recém-restaurados e retoma a liderança, para delírio da torcida.

Vitorioso ao final de dez voltas, o tricampeão resume o clima em Franca: "Quem não gosta de carro antigo não sabe o que é bom".

P.S.

Participei da Corrida Pé na Tábua pela primeira vez em 2011, para uma matéria para a extinta revista *Car and Driver Brasil*.

Retornei a convite de Tiago Songa em 2016, dessa vez para competir "de verdade" e gravar para o *Acelerados*. Um único problema: como conseguir um calhambeque?

Alguns meses antes, havíamos transformado em realidade uma ideia de mesa de bar que só parecia boa para quem já havia tomado alguns chopes: compramos um Gol, um Palio e um Celta em estado duvidoso e os caracterizamos como viaturas de companhias telefônicas para o que se tornaria um dos vídeos mais divertidos da história do *Acelerados*, o "Desafio das Teles".

O Desafio foi hilário e rendeu uma das nossas maiores audiências em todos os tempos, mas trouxe também um problema: que diabos fazer com os três populares 1.0, praticamente "invendáveis" depois de serem publicamente esmerilhados em rede nacional? Para o Palio, a solução foi simples: caracterizá-lo como calhambeque e ir correr no Speed Park.

A Pé na Tábua é um evento com espírito tão relaxado e divertido que nenhum concorrente reclamou.

▶ **Veja os vídeos:**
Palio na Corrida Pé na Tábua:
https://youtu.be/3keI2NVKEzE

Desafio das Teles:
https://youtu.be/GvDp0KUcUL8

11
A NECESSIDADE DE VELOCIDADE

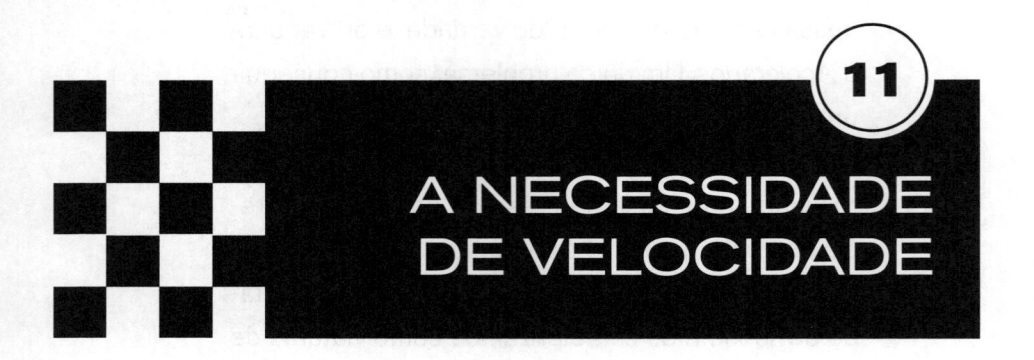

O underground dos rachas ilegais em São Paulo

Olhos nos olhos. Azuis, de xenônio. No estacionamento de um dos mais movimentados postos de gasolina de São Paulo, a BMW M5 encara sua irmã mais nova, uma BMW M3. Mais nova em tamanho e idade, a M3, "praticamente original" segundo seu piloto, foi fabricada em 1998. A certidão de nascimento, ou melhor, o Renavam da M5, acusa mais idade. Deixou o berço em Munique em 1992.

Como manda a estética BMW, são oito faróis fitando-se enquanto seus proprietários, Antônio* e Renato*, discutem as particularidades do duelo. No papel, vantagem para a M3, que em 98 apresentava 316 cv para 1.470 kg, *versus* 311 cv para os 1.670 kg da M5 em 92. Mas é claro que esses números de fábrica já ficaram há muito perdidos no passado dos dois carros.

É o que os suspiros da válvula de alívio do turbo da M5 comprovam quando os relógios marcam 1h30 da manhã e os dois carros partem do posto no bairro dos Jardins, em São Paulo, e caem na Marginal do Rio Pinheiros, sentido norte. O destino é uma espécie de eldorado para quem gosta de velocidade em vias públicas: as pistas largas e suaves como um tapete da Rodovia Castello Branco.

Sentado ao lado de Renato, no banco do passageiro da M3, acompanho a negociação entre os dois motoristas, via rádios Nextel. O combinado é emparelhar os dois carros em primeira marcha, a cerca de 20 km/h, e esperar o aceno do passageiro de Antônio, pela janela aberta da M5, para que ambos os "pilotos" baixem a bota.

A aceleração é violenta. Em um quilômetro, a marca dos 200 km/h já ficou bem para trás. Mil metros é a distância "regulamentar", medida entre pontos de referência já conhecidos dos dois pilotos, para cada duelo. Concluída a primeira disputa, ambos os carros desaceleram e emparelham novamente, para iniciar uma nova disputa a partir de outro marco de referência.

Nos três primeiros confrontos, resultados idênticos. O torque superior da M5 (são 3.6 contra 3.2 litros de cilindrada da M3) a coloca na frente nos primeiros metros, mas a caixa de câmbio sequencial SMG da M3 faz a diferença diante da manual da M5 – a cada mudança de marcha, Renato e eu nos distanciamos um pouco mais de Antônio. Com a velocidade escalando rumo e além dos 200 km/h, o peso inferior do carro mais novo só faz a vantagem crescer.

Do meu ponto de vista, uma certeza: 250 km/h não foram feitos para uma via pública, apesar de Renato exibir, dentro do possível para as circunstâncias, uma tocada segura e experiente. À medida que o ponteiro do velocímetro escala, a larga Castello Branco vai parecendo cada vez mais estreita, quase um túnel, e os movimentos dos demais carros e caminhões – poucos, já que agora passa das 2h da manhã de uma terça-feira – têm de ser previstos com grande antecipação. A 250 por hora, 70 metros de asfalto ficam para trás a cada segundo.

Fazemos o retorno para retomar o sentido São Paulo, e os três duelos são repetidos. Antônio ainda não se convenceu da inferioridade de desempenho da sua máquina: insiste que não conseguiu encaixar quatro trocas de marcha ideais em nenhuma das disputas.

Com a Castello Branco acabando, o palco para a disputa final entre as duas BMs passa a ser a Marginal Pinheiros sentido sul, a partir da famigerada raia da USP – ponto onde a via tem sete faixas e por isso ganhou a predileção de quem acelera nas ruas. Dali até a Ponte João Dias, sempre escolhendo os intervalos entre cada radar, a M5 só não é derrotada facilmente quando Antônio, por excesso de adrenalina, queima a largada.

Convencido, o dono da M5 encosta no mesmo posto onde a competição havia iniciado. Ao final do duelo, nada além de comentários e orgulhos trocam de mãos. O veredicto assemelha-se ao de uma investigação científica: "Descobrimos o quanto uma M5 92 toma de uma M3 98", pondera Antônio, nem um centavo mais pobre (ou, mais adequadamente, menos rico).

O parêntese acima justifica-se. Apesar da influência recente de filmes como a série *Velozes & Furiosos*, não parece existir uma cena forte, no Brasil, de rachas valendo dinheiro – ou, como no filme americano, valendo, em casos extremos, os próprios carros.

Uma visita a um dos templos da preparação de carros em São Paulo ajuda a explicar por quê. Quem passa em frente à oficina da Herrera Motorsports, no bairro de Santo Amaro, provavelmente nem imagina o que se esconde atrás do estreito portão cinza e dos muros grafitados.

"Meus clientes protegem seu patrimônio", diz o proprietário Bruno Herrera, explicando por que acredita que suas obras não correm nas ruas. Um olhar rápido em torno da oficina torna o argumento de Herrera compreensível. Aparecemos em um dia qualquer, sem aviso prévio. Espremidos na pequena oficina, aguardando a preparação, repousam um Porsche 911 Turbo, dois Mustang GT último tipo, um Mustang "Eleanor" (réplica da estrela do filme *60 Segundos*) da década de 1960, um Jeep Grand Cherokee SRT8 – cuja versão original já sai de fábrica com 420 cv –, um Mitsubishi Lancer Evolution, um Mitsubishi

3000GT e duas joias raríssimas nas ruas brasileiras: um Toyota Supra e um Mazda RX-7, ícones do tuning nos Estados Unidos e Japão.

O filho de pai boliviano recusa-se terminantemente a falar em números, mas, com carros como esses como matéria-prima, possuir "um Herrera" (no meio da preparação, o artista empresta o nome à obra, como uma grife) pode alcançar valores inatingíveis para reles mortais. Segundo alguns clientes da oficina, as faturas de Herrera começam em uma base de 25 mil a 30 mil reais e terminam onde o desejo e o bolso do cliente permitirem, em um trabalho que frequentemente estende-se por vários meses. Tanto pedigree faz da oficina de Herrera uma espécie de epicentro nacional da ultraelite brasileira apaixonada por carros: a Cherokee SRT8, por exemplo, voltará ao seu Pará de origem após a preparação.

"Meu trabalho é preparar carros para quem conhece carros; aquele cara que gasta um dinheiro significativo a mais para ter uma roda com um ou dois quilos a menos", explica. "A principal prioridade é fazer um carro consistente, que vá ter uma performance correta nos mais diferentes tipos de utilizações – e os meus clientes muitas vezes expõem seus carros a situações extremas. É fundamental ter bom senso: uma mulher que pese 45 kg não pode colocar implantes de silicone de 500 mL, não vai dar certo."

"Você tem de saber o que é coerente, muitas vezes convencendo o cliente a *não* gastar. Com o tempo, o cliente fidelizado chega ao ponto de me consultar antes de comprar o carro, para saber se a preparação que ele pretende fazer é viável ou não."

Um desses "fidelizados" é o ex-piloto de MotoGP Alexandre Barros, que já fez dois carros na oficina: um Audi S3 e uma BMW M3. Saltaram para 505 cv e 652 cv, respectivamente – originais, tinham 225 cv e 338 cv.

"Na realidade não 'falta' nada em uma M3 original, mas eu gosto de carro preparado", justifica Barros, cuja última aquisição foi um Nissan GT-R que, "por enquanto", permanece sem preparação. "Para uma pessoa 'comum' um S3 ou M3 já tem um desempenho incrível, mas para um piloto as referências são completamente diferentes. Particularmente eu gosto muito de aceleração e retomada, de um carro que responda imediatamente quando eu piso, e é esse comportamento que eu busco quando mando um carro para ser preparado."

Herrera possui um único concorrente de porte semelhante em São Paulo. A oficina de Rodrigo Corbisier, da G&R Drag Racing, é igualmente impressionante. Nossa visita encontra atrás do portão da garagem dois Evos (um deles na versão mais quente de fábrica, a MR), um Subaru WRX STi, outro WRX perua, um VW Passat com cerca de 600 cv, uma BMW M3 e dois Opalas que mais parecem *funny cars* da NHRA, a liga norte-americana de arrancadas célebre por seus dragsters de 8 mil cv. Provas oficiais de arrancada, aliás, são a razão de ser original da G&R, como o nome explica.

Ao contrário de Herrera, Rodrigo gosta de testar suas próprias obras atrás do volante. Uma rápida volta no WRX perua – "quase todo original, só com 1,2 kg de pressão no turbo e outras coisinhas, bom para usar no dia a dia" – traz duas conclusões imediatas. Uma: os 450 cv estimados por Rodrigo fazem do Subaru uma máquina viciante, com poder de aceleração capaz de colar as costas no banco ao longo de todo o conta-giros, em todas as cinco marchas. A progressão perfeita do despejo de potência faz lembrar uma locomotiva.

A outra: onde diabos utilizar uma cavalaria dessas nas ruas, ainda mais no permanentemente imobilizado trânsito de São Paulo? "Nos Track Days da FASP aparecem muitos dos meus clientes", revela Corbisier, referindo-se aos dias em que a Federação de Automobilismo de São Paulo abre a pista do Autódromo de Interlagos ao público geral.

Estratificado ao extremo e com motivos de sobra para não querer aparecer – seja porque alguns correm nas ruas, seja porque todos são endinheirados –, o meio vive do boca a boca, e reputações são criadas e destruídas em fóruns específicos na internet. Nesse sentido, o YouTube causou uma pequena revolução, permitindo a documentação dos feitos e sua publicação imediata. Digitando algumas palavras-chave veem-se coisas como uma Suzuki Hayabusa turbinada passando fácil dos 300 km/h na mesma Castello Branco, ou um Evo de 800 cv que deixa para trás uma M3 e outro Evo, original, como se fossem populares 1.0.

Mesmo nesse nível de potência, tanto Herrera quanto Corbisier garantem que a confiabilidade dos carros não é alterada significativamente: "A tecnologia evoluiu muito", garante Rodrigo.

Na outra extremidade da escala, mas também eternizada no YouTube, está uma tribo de paixões semelhantes, mas contas bancárias diferentes das dos clientes de Herrera e Corbisier. Seguindo rumo à Zona Sul de São Paulo, no sentido da represa de Guarapiranga, a paisagem da velocidade nas madrugadas passa a ser dominada por Gol – tanto caixote quanto bolinha – Corsa, Palio e outros, quase todos rebaixados, quase todos com cinco ou mais anos de uso.

Aqui, a motivação é outra. Os pegas são disputados com três, às vezes quatro passageiros a bordo: o exibicionismo faz parte do show, e o objetivo maior é não ser um "coxinha", gíria usada para descrever um piloto com pouca habilidade ou coragem – ou ambos. Frequentemente, há público em volta para assistir aos rachas.

"A galera chega a parar as sete pistas da Marginal Pinheiros na madrugada", diz Roberto*, conhecido como "Lost", proprietário de um Palio 1.3, ano 2000, turbinado. "Tem 1,5 bar, dá mais de 180 cv". Roberto admite já ter gasto mais de 15 mil reais preparando o carro desde 2003, quando o adquiriu usado – ou seja, mais do que o valor de mercado atual de um Palio 1.3 ano 2000.

Apesar do comportamento evidentemente irresponsável, corridas de rua são estatisticamente irrelevantes em relação à violência no trânsito. No Brasil não existem dados específicos para fatalidades ocorridas em rachas, mas nos Estados Unidos, das 41.059 mortes relacionadas ao trânsito computadas em 2007, somente cinquenta foram creditadas às corridas nas ruas – cada uma delas uma tragédia evitável, é claro, mas pouco mais de 0,1% do total na frieza dos números.

Talvez porque quem ama velocidade a esse ponto esteja mais preparado para lidar com ela do que um motorista comum.

P.S.

A matéria acima foi publicada pela revista *Car and Driver Brasil* em 2008, época em que o número de track days – eventos de pista destinados a proprietários de carros de rua e que não exigem carteira de piloto da Confederação Brasileira de Automobilismo – ainda engatinhava em nosso país.

De lá para cá, a explosão na quantidade de número de track days e também de eventos de arrancada em autódromos facilitou exponencialmente o acesso, no Brasil, à oportunidade de acelerar carros de rua com segurança na pista. Fatores que, aparentemente, arrefeceram bastante a cena de rachadores em vias públicas na madrugada. Felizmente.

12
INDIANÁPOLIS NO TEMPO DO VALE-TUDO

Diesel que nunca abastecia, turbina de avião, piloto em sidecar... a criatividade tecnológica ajudou a fazer das 500 Milhas de Indianápolis a prova mais famosa do mundo

Minha última cobertura das 500 Milhas de Indianápolis antes de voltar ao Brasil, em 2006, teve uma nota de tristeza para qualquer coração acelerado: foi a primeira vez em noventa anos de história que os 33 carros do grid encarando o "Brickyard" possuíam motores idênticos, o Honda V8 3.0 aspirado, que, por sinal, tem um ronco um tanto indigesto.

Se, por um lado, o monopólio garante a competitividade, por outro, marca o fim do que foi, durante décadas, uma das principais atrações da Indy 500: a criatividade técnica. De turbinas de aviação a sidecars separando o piloto do chassi, alguns dos carros de corrida mais inovadores – e alguns dos mais bizarros – arriscaram tudo em busca da glória no Indianapolis Motor Speedway.

"Antes de existirem computadores ou túneis de vento, a evolução dos carros se dava por tentativa e erro", explica Donald Davidson, dono de uma profissão que, infelizmente, é impensável no Brasil: historiador oficial do Speedway e curador do museu do autódromo.

"Durante décadas e décadas foi assim. Depois de um dia de treinos, os pilotos saíam para tomar uma cerveja com seus mecânicos e engenheiros e tinham ideias: 'E se a gente fizesse tal coisa com a suspensão, ou tal coisa com o motor?'. A resposta era invariavelmente a mesma: 'Amanhã a gente tenta e vê o que acontece'. E eles tinham um mês inteiro de treinos para ficar imaginando mais e mais novidades..."

Nascidas em 1911 com a missão de levar ao limite a tecnologia automotiva de então, já naquela época as 500 Milhas se notabilizaram por um dos regulamentos técnicos mais permissivos do automobilismo mundial. Perscrutar as entrelinhas das regras em busca de brechas que garantissem vantagens sobre a concorrência tornou-se uma tradição quase tão antiga quanto a prova em si.

Já em 1931, Clessie Cummins, fundador da fábrica de motores diesel com o mesmo nome, vislumbrou uma oportunidade. No ano anterior, foram liberados motores baseados em blocos de produção com deslocamento máximo de 6 litros, uma forma de eliminar os exóticos blocos oito-em-linha com apenas 1.5 litro de cilindrada que haviam dominado a prova no anos 1920 (barateando assim os custos, em plena era da Grande Depressão). Para Clessie, chegara a hora de um motor diesel vencer as 500.

Cummins sabia que seu pesado quatro cilindros de 5.9 litros e apenas 85 cv, originalmente projetado para impulsionar barcos e montado em um chassi Duesenberg, não teria condições de ameaçar os líderes em termos de velocidade pura. Nos treinos de classificação, com Dave Evans ao volante, o Cummins Diesel Special não passou de 155,9 km/h de média, quase 30 km/h mais lento que o pole daquele ano, Russ Snowberger.

O trunfo de Cummins era outro. Com um tanque de mais de 100 litros e capaz de registrar um consumo superior a 7 km/L em condições de corrida, o Duesenberg-Cummins branco #8 percorreu as 500

Milhas em 5h48min sem necessitar de um único pit stop. Um feito inigualado até hoje.

A filosofia do "devagar e sempre" rendeu um sólido 13º lugar entre os quarenta carros que largaram. O mais impressionante, porém, foi o total gasto em combustível e lubrificante ao fim da empreitada: apenas 2,40 dólares em valores da época.

Na década de 1950, uma nova mudança nos regulamentos do United States Auto Club (USAC), então promotor da prova, encorajou a Cummins a retornar a Indianápolis: motores a diesel estariam limitados a 6.6 litros de capacidade, ante os 4.5 litros dos demais. A vantagem em deslocamento visava compensar a menor potência e, principalmente, o maior peso dos propulsores a diesel, um problema minimizado de forma engenhosa por Don Cummins, irmão mais novo de Clessie.

Em 1952, Don montou seu seis-em-linha de mais de 300 kg em um chassi Kurtis não na vertical, como era comum nos carros e caminhões de rua, e sim a apenas 5 graus da horizontal. Além de possibilitar um centro de gravidade extremamente baixo, a solução forçava o eixo cardã a correr pelo lado esquerdo do piloto (e não por baixo do cockpit, como era comum à época), tornando o carro mais propenso a virar à esquerda, sempre um benefício em um circuito oval.

Pilotado por Fred Agabashian, o Kurtis-Cummins de 1952 alcançou o maior feito dos diesel até hoje em Indy: cravou a pole position, com média horária acima dos 222 km/h. Assim que Agabashian desceu do carro, um representante da fabricante de velas Champion não perdeu a esportiva e colocou uma vela no bolso do piloto – garantindo assim que *todos* os carros do grid carregavam velas Champion (ao contrário dos motores a gasolina, os diesel não precisam de velas).

Na corrida, Agabashian quebrou depois de apenas setenta voltas, exatamente por culpa do motor horizontal: o turbo, montado demasiadamente perto do chão, entupiu com a sujeira da pista. "As regras que beneficiavam os diesel não foram alteradas até os anos 70", recorda

Davidson. "Mas o choro da concorrência após a pole de Agabashian foi tão grande que a Cummins preferiu evitar polêmicas e não retornar no ano seguinte."

Polêmicas, aliás, sempre andaram lado a lado com os inovadores da Indy. Talvez as máquinas mais controversas da história das 500 Milhas tenham sido os carros-turbina de Andy Granatelli, que por duas vezes chegaram muito próximos de vencer a prova.

Em 1967, Granatelli introduziu o primeiro carro movido a turbina a assustar a concorrência: guiado por Parnelli Jones, o STP Special (Granatelli era o presidente da fábrica de lubrificantes STP) possuía uma turbina de aviação Pratt & Whitney montada à esquerda do piloto e tração nas quatro rodas. Jones, vencedor das 500 em 1963, colocou o assimétrico #40 em sexto lugar no grid.

A performance discreta na classificação foi premeditada pelo ardiloso Granatelli, já temeroso dos protestos dos rivais. Na corrida, Jones passeou, assumindo a liderança logo no começo e lá ficando pelas 171 voltas seguintes. No 197º giro, a apenas três do fim, a quebra de uma pecinha do câmbio avaliada em 6 dólares fez o carro perder rendimento, relegando Parnelli a um doído sexto lugar. Foi mais do que o suficiente, contudo, para ameaçar o futuro dos carros-turbina.

"O USAC quis restringi-los imediatamente", lembra Davidson. "O problema era como. Não há como reduzir a cilindrada ou a pressão do turbo de uma turbina, que não tem nem uma coisa nem outra..."

Depois de muita discussão, o USAC anunciou uma redução do anel de admissão da turbina, cujo diâmetro máximo caiu de 21,99 para 15,99 polegadas. Granatelli imediatamente processou a entidade, alegando que a nova regra nada mais era que uma forma velada de banir seus carros. O projetista/dono de equipe/presidente de multinacional perdeu a causa, mas não a pose: mesmo com a admissão restrita, os carros com turbina de segunda geração dominaram o treino de classificação em 1968, com Joe Leonard na pole e o bicampeão mundial de F1 Graham Hill em segundo.

Se o turbina assimétrico de 1967 era bizarro, seu sucessor de 1968 era ainda mais revolucionário: conhecidos como "carros-cunha" (*wedge cars*), traziam motor traseiro e chassi construído pela Lotus, mais leve e muito mais aerodinâmico que os rivais. A pole de Leonard, com média na casa de 267 km/h, bateu o recorde do ano anterior em quase 5 km/h.

Porém, mais uma vez faltou confiabilidade à inovação tecnológica: uma falha na bomba de combustível custou a vitória ao líder Leonard a apenas nove voltas do fim (Hill havia abandonado após bater na volta 110). Foi o último ano das turbinas em Indy. Restrições ainda mais severas para 1969 forçaram Granatelli a relutantemente retornar aos motores convencionais a combustão interna no ano seguinte.

Mas nem todos os carros radicalmente inovadores tiveram o mesmo sucesso dos Cummins Diesel e das turbinas de Granatelli. Talvez o carro mais bizarro a tentar classificar-se para as 500 Milhas tenha sido o sidecar Hurst Special, inscrito em 1964 por Smokey Yunick, outro lendário projetista da Indy. Yunick desenhou uma cápsula para o piloto no lado esquerdo do chassi, buscando maximizar o conceito de concentrar o peso do lado de dentro das curvas no oval.

Guiado por Bobby Johns, o Hurst chegou a atingir 236,5 km/h de média nos treinos de classificação, mas seu motor de quatro cilindros, montado a centímetros da orelha do piloto, simplesmente não era potente o suficiente para garantir um lugar no grid, nessa época já limitado a 33 carros.

Indianápolis, assim como a Fórmula 1, também viu um carro de seis rodas. Diferentemente do Tyrrell P34 que assombrou a F1 em 1976, o Kurtis-Offy criado por Pat Clancy possuía um eixo extra na *traseira*, e não na dianteira, melhorando a tração em uma época em que boa parte do restante do campeonato da Indy ainda era disputada em ovais de terra. Competiu em 1948 e 1949, com um 12º lugar no primeiro ano como melhor resultado, nas mãos de Billy DeVore.

Mais criativo ainda foi o Fageol Twin Coach, segundo no grid em 1946 com Paul Russo. Foi o primeiro carro de tração integral a competir em Indy, fruto de dois motores Offy, cada um impulsionando um dos eixos. Com duas vezes mais peças motrizes, não surpreende que o Twin Coach tenha abandonado com problemas mecânicos em sua única aparição...

"Nenhum desses carros ditos 'bizarros' jamais foi banido oficialmente", afirma Davidson. "As regras simplesmente eram modificadas para que soluções técnicas, digamos, 'indesejadas' deixassem de ser competitivas. Até por isso, nos anos mais recentes, cada vez mais os pilotos foram roubando o lugar dos carros como o centro das atenções. Faz sentido, já que a maioria dos fãs quer um herói para torcer e se identificar."

"Mas que dá saudade dos tempos do 'Vale-Tudo', isso dá..."

P.S.

Digo isso sempre para todas as pessoas que gostam de automobilismo: se for para escolher uma única corrida para ver ao vivo, vá às 500 Milhas de Indianápolis. Desde que frequentar autódromos como jornalista credenciado tornou-se minha rotina em 2004, voltei a ser um fã "civil", pagando ingresso do bolso para ir a uma corrida, uma única vez: as 500 Milhas do Centenário em 2016. Poucas vezes na vida bebi tanta cerveja, e poucas vezes na vida me diverti tanto.

Infelizmente, sobretudo nos últimos anos, com uma "seca" cada vez maior de pilotos brasileiros na

Indy, as 500 Milhas vêm saindo mais e mais do radar dos fãs brasileiros. O que não significa que tenham perdido um único grama do seu apelo. Em termos de riqueza de história, a Indy 500, para mim, massacra as outras duas corridas que todo acelerado (com algum $ sobrando) precisa ver ao vivo antes de morrer: o GP de Mônaco e as 24h de Le Mans. Das três, somente Indianápolis já é centenária em sua trajetória, como bem mostra essa matéria que emplaquei na extinta revista *Quatro Rodas Clássicos*.

Se a vida lhe sorrir e um dia você puder ir, repito: vá.

RALI RADICAL

De cabeça para baixo com Colin McRae e
Travis Pastrana nos X-Games 12

Se a definição de "esporte radical" é buscar adrenalina superando perigos de forma espetacular diante de um público, bom, então o automobilismo é o esporte radical *original*.

Raríssimas vezes esses dois mundos – automobilismo e radicais – convergem. O que é um *problemão* para as montadoras, eternamente em busca dos corações e do dinheiro dos consumidores jovens/trendsetters/millenials/Geração Y. Afinal, reza a teoria que quem se apaixona por uma marca na juventude consumirá essa marca pelo resto da vida.

Quase tão difícil quanto trazer millenials para dentro do automobilismo, porém, é trazer fãs americanos de automobilismo para dentro dos ralis, modalidade incrivelmente popular na Europa, mas perenemente nanica no mercado ianque. Em número de telespectadores, o Mundial de Rali WRC só perde para a Fórmula 1 como esporte a motor mais assistido do mundo, mas cite as letras W-R-C em sequência em uma arquibancada lotada da NASCAR, e 99,9% dos fãs ali sentados acharão que você está falando do mais novo campeonato de luta livre marmelada na TV a cabo.

Rhys Millen, recordista de Pikes Peak, explica por quê. "Os promotores dos ralis nos EUA não têm a condição financeira dos promotores europeus, de modo que não podem correr o risco de ser processados caso algum fã se machuque durante um rali de velocidade", diz. "Então ninguém investe em promoção, o que faz com que ninguém apareça para assistir os eventos, o que faz com que nenhum patrocinador grande queira investir nos eventos. É um círculo vicioso."

Um círculo que começou a ser quebrado em agosto de 2006, quando a modalidade *Rally Car Racing* foi adicionada à programação dos X-Games, a "Olimpíada dos Esportes Radicais" promovida pela ESPN, o bicho-papão do mercado de mídia esportiva americano. Do dia pra noite, Subarus com tração integral saltando em estradas de terra passaram a ser transmitidos nacionalmente em horário nobre, dividindo espaço com ídolos teen como o skatista Bucky Lasek e o "renascentista" Travis Pastrana.

Maior estrela da constelação dos X-Games, Pastrana é creditado como o arquiteto da inclusão do rali no megaevento da ESPN. Superestrela do motocross, o piloto de Maryland adotou o rali há três anos e, como em tudo que tentou até hoje, tornou-se um vencedor quase que imediatamente. Com apenas 23 anos, é o atual líder do campeonato americano de rali de velocidade, o Rally America.

"Antes dos X-Games 12, o pessoal da ESPN me chamou dizendo que queria trazer um esporte a motor para o evento, mas que nada se encaixava com o espírito dos X-Games", nos revela Pastrana em um papo nos boxes temporários da Subaru Rally Team USA, na verdade uma grande tenda branca do lado de fora do estádio Home Depot Center. "Respondi: bom, eu tenho uma ideia que se encaixa brilhantemente... Quando se fala em esporte a motor sobre quatro rodas, nada pode ser mais divertido para o público dos X-Games do que o rali."

"É um 'esporte radical', sem dúvida", continua, muito menos afetado pelo calor opressor sob a tenda do que eu. "Todos os esportes radicais são sobre ir para a natureza, ir para um ambiente outdoor e se divertir. O rali é fiel a esse espírito, e o público dos X-Games é antenado e vai gostar do esporte de cara, tenho certeza. O pessoal da ESPN me perguntou se o drifting não funcionaria melhor, mas os melhores pilotos de drift do país, como Tanner Foust e Rhys Millen, estão aqui, o rali é a verdadeira escola deles. E, bom, Colin McRae está aqui. Do que mais você precisa?", sorri.

Ah, McRae. O fato de que o campeão mundial de rali WRC de 1995 é completamente ignorado pelos fãs que vêm até os boxes da Subaru só querendo saber de Pastrana é uma medida exata do quão nichado o rali de velocidade é nos Estados Unidos. Com um bom humor escocês, a lenda conta um "causo" que ilustra essa dura realidade.

"Quando vim competir nos Estados Unidos pela primeira vez, conheci um bando de garotos que eram superfãs do jogo *Colin McRae Rally* para PlayStation", diz, mostrando os dentes semiamarelados. "Mas só quando eles conversaram comigo é que descobriram que 'Colin McRae' era uma pessoa de carne e osso, e não um personagem do jogo..."

Apesar dessa relativa obscuridade, não há dúvidas de que a presença de McRae e seu tradicional navegador, o galês Nicky Grist, em um Impreza adicional preparado pelo Subaru Rally Team USA (equipe *full-time* de Pastrana e Ken Block no Rally America), traz credibilidade ao evento. E traz também a pequena mas ardorosa base de fãs de rali de velocidade americanos para dentro dos X-Games.

"É um formato completamente diferente de tudo que fiz até hoje", continua o homem celebrizado pelo lema "*If in doubt, flat out*" (algo como "Na dúvida, pé no fundo"). "Os americanos são competitivos, sim, mas mais relaxados. Ninguém quer se estressar demais aqui nos X-Games. Espero muito que seja um ponto de inflexão para o nosso esporte nos Estados Unidos, com essa chance de expor o rali de velocidade para a molecada que curte esportes radicais."

"E o rali *é* radical, a maneira como os carros saltam, derrapam, triscam árvores e tudo mais."

Já o veterano Grist, calejado por anos ao lado de McRae, é... sardônico. "Se o rali é radical? Sem dúvida nenhuma: é *extremamente* radical, se você estiver navegando para Colin."

Piadas à parte, o galês também acredita no poder de conversão dos X-Games: "Ao contrário da Fórmula 1, aqui aceleramos carros que as pessoas veem nas ruas, com os quais podem se identificar. Qualquer moleque que veja nosso evento aqui pode dizer 'Uau, quero fazer isso!', gastar uns poucos milhares de dólares em um carro usado, colocar um santantônio e cintos de competição e ir tentar por conta própria".

A modalidade *Rally Car Racing* dos X-Games 12 é disputada ao longo de quatro dias em dois locais diferentes nos arredores de Los Angeles. No primeiro dia, os doze competidores encaram uma série de oito estágios de cascalho em Gorman, cerca de 100 km ao norte de L.A., no formato tradicional de rali de velocidade.

O "prato principal", porém, são as disputas no estágio Superespecial, transmitidas ao vivo em TV aberta na ABC, canal-mãe da ESPN. Desenhada dentro (e fora) do estádio Home Depot em Carson (30 km ao sul do Centro de L.A.), a pista une dois trechos de asfalto no estacionamento do estádio conectados por um circuito de chão batido no interior da arena. Duas rampas de 60 metros servem como entrada e saída do estádio – e base de lançamento para saltos espetaculares.

A verdade é que, dado o tamanho descomunal das rampas, manter o pé embaixo nas decolagens seria suicídio para os pilotos. "Se eu entrar na rampa com o pé no fundo, o problema não é apenas o risco de danificar o carro na aterrissagem", revela Tanner Foust. "É realmente o de ir acabar no meio da galera na arquibancada."

Se Foust está exagerando ou não, descobrirei em instantes. Estou amarrado no banco do navegador de Rhys Millen em um outro Subaru

Impreza WRX STi, este, preparado pela própria equipe de Millen. Diz-se que ser um navegador no rali pode ser a pior ou a melhor profissão do mundo, dependendo do tamanho das suas... glândulas de coragem.

Talvez encorajado pelo capacete e pelo cinto de cinco pontos, finjo não ter problemas nesse departamento. "Quantos cavalos temos aqui?", pergunto ao neozelandês multivencedor da subida de Pikes Peak. "315", responde Millen, e o forte sotaque *kiwi* já transparece nessa curta resposta. "Bora ver como todos eles se comportam então", replico. "Pode ficar tranquilo, vou chamar todinhos."

Millen não está de papinho. Com pouquíssimos treinos no traçado do Home Depot, a pilotada está levando os passeios com jornalistas 100% a sério, realmente usando as sessões como treinos de verdade – atitude provada pelo chefe de equipe de Millen, que está na minha janela gritando instruções para o seu piloto.

"Tente um traçado mais limpo na parte do estacionamento", diz. "Sério? Sem derrapagens?", indaga Millen. O chefe de equipe acena que sim com a cabeça, e arrancamos de forma brutal – a eficiência dos sistemas de tração integral para jogar toda a potência no asfalto é impressionante.

Mas o WRX de Millen não é um carro de corrida exótico como os bólidos do WRC, com seus câmbios sequenciais. Aqui, temos um câmbio H clássico, o que significa que Millen usa somente o pé esquerdo nas freadas, e todas as mudanças de marcha, para cima e para baixo, são feitas "secas", sem o pedal da embreagem, com o pé direito blipando o acelerador nas reduções.

O Subaru está calçado com pneus de uso misto (do contrário seria "inguiável" na seção interna de terra do estádio), o que o deixa precariamente sem aderência no trecho externo de asfalto. O carro sai de frente brutalmente nas tangências, e nas curvas mais fechadas não há como Millen seguir o conselho do chefe de equipe: vir de lado é o único jeito para contornar.

Na hora de seguir a receita para a curva mais lenta do traçado, um grampo de 180 graus, Millen erra o cálculo, belisca a barreira interna e me vejo acelerando lateralmente de forma violenta em um belo *rrrrodão*.

Impassível, o neozelandês ainda manda um *"Sorry about that, mate"*, antes de engatar a primeira e soltar a embreagem novamente com tudo, nos colocando de volta na direção certa.

Nossas duas voltas correm inteiras a 10/10, "dez décimos", como se diz no jargão do automobilismo – ou seja, Millen realmente estava em busca do limite o tempo todo. As duas vezes em que saltamos na rampa que liga o estacionamento ao estádio provavelmente serão para sempre os períodos mais longos em que estive em um carro em movimento com dito carro não estando em contato físico com a superfície deste planeta.

De dentro do Subaru, me parece que esses saltos poderiam perfeitamente fazer parte do Rally da Finlândia, a etapa do WRC lendária por seus pulos gigantescos. Felizmente, americanos amam estatísticas, e as câmeras medem os números: ficamos a mais de *3 metros* de altura do chão no ápice da nossa maior trajetória.

Apesar desse viés acrobático, o rali nos X-Games é um esporte a motor "clássico": vale apenas o tempo contra o cronômetro, sem pontos por "espetacularidade", como costuma acontecer em outros eventos da olimpíada radical. Os copilotos leem suas anotações para os pilotos como em uma etapa do WRC, apesar de estarmos em um circuito fechado e, portanto, "decorável". "Ajuda a acertar cada curva com exatidão em todas as passagens", justifica Grist.

"É uma pilotagem no 'fio da navalha', porque boa parte do percurso é feita no asfalto com pneus mistos; o carro está escorregando o tempo todo e você fica tentando encontrar algum equilíbrio o tempo todo", explica McRae. "Acredito que o jeito mais rápido seja fazer uma tocada bem redonda e limpa, mas os fãs não pagaram ingresso para ver isso, eles querem ver poeira subindo e cascalho voando com os carros de lado, então estou buscando um jeito de conciliar as duas coisas, velocidade e espetáculo." McRae ainda não sabia – ou talvez já soubesse? –, mas a balança penderia para o lado do "espetáculo" logo em seguida...

Após os oitos estágios de rali "tradicional" nos arredores de Gorman, McRae construíra uma vantagem de apenas 0,5 segundo sobre Pastrana. A medalha de ouro desses X-Games seria realmente decidida diante de 10 mil pessoas no Home Depot Center.

Já fora da disputa devido a um pneu furado, Foust voltou a Carson tecendo loas a McRae. "Aprendi demais só observando Colin. Ele nunca usa as marcas dos outros pilotos na estrada, sempre buscando terreno 'virgem' para tirar o máximo de aderência dos pneus."

Os carros vão à pista na ordem decrescente da colocação até o momento, ou seja, Pastrana e McRae serão, respectivamente, o penúltimo e o último a encarar o traçado. Menos de dezoito horas após chocar o mundo com um *double backflip* em sua Suzuki na competição de Moto X no Staples Center (ver P.S. no fim deste capítulo), Pastrana ataca as curvas do Home Depot Center de forma surpreendentemente calculada e limpa. Em suas duas voltas cronometradas, ele praticamente para o Subarão antes do maior salto, pulando de forma contida, diminuindo a distância da aterrissagem. Assim, consegue fazer uma tangência mais curta no grampo que vem em seguida.

Funciona: Pastrana marca com facilidade o tempo mais rápido do dia até então.

McRae, por sua vez, é McRae: um ataque de baioneta a cada curva, equilibrando-se no tal fio da navalha e empolgando a galera. Após duas voltas quase completas, na penúltima parcial, o escocês está 1,5 segundo à frente de Pastrana.

E então, a 60 metros da linha de chegada, vemos de forma prática por que McRae é o piloto mais cultuado de todos os tempos para os fanáticos por rali. Em vez de ir com calma para garantir o ouro, o campeão mundial de 1995 ataca o último salto loucamente, chegando ao ponto de decolagem totalmente enviesado.

O Impreza dourado decola rumo à estratosfera, mas fora de prumo. O peso todo da aterrissagem se concentra em uma única roda, a dianteira esquerda, e as leis da física entram em campo: em uma fração de segundo, o pneu dobra por baixo da roda e estoura. O aro nu da roda "morde" a terra, e o Subaru sai capotando espetacularmente, levantando um caminhão de poeira.

Miraculosamente, a energia cinética se esgota após exatos 360 graus. O Impreza para novamente sobre as quatro rodas, e McRae não hesita um único instante, engatando novamente a primeira marcha e fazendo as últimas duas curvas sem um pneu e com a frente do carro completamente torta. O público aplaude de pé.

"Ele não perdeu tempo! Ele não perdeu tempo", grita um incrédulo Pastrana. Mas o escocês perdeu, sim, alguns segundos. Exatamente dois, suficientes para dar a medalha de ouro para o americano por exatos 0,530 segundo.

"Colin McRae é um Deus do Rali", sorri o vencedor.

Momentos depois, no box da Subaru, faço ao escocês a pergunta que está na cabeça dos 10 mil fãs que viram a façanha em pessoa, e de milhões que assistiram pela ABC:

"Foi de propósito?"

"Tudo minimamente calculado", sorri McRae, mostrando novamente os dentes amarelados. "Na verdade, o que eu quis foi encurtar minha tangência para o grampo da saída, como fez Travis, mas como sei que ninguém vai acreditar em mim... Aceito essa versão."

Com a expressão de quem já viveu a mesma situação algumas dezenas de vezes – porque de fato viveu – Grist está satisfeito com a prata.

"Se for para perder, que seja com estilo."

P.S.

Ver McRae capotar e seguir em frente foi uma das coisas mais insólitas que cobri como jornalista de automobilismo, mas a melhor parte do trabalho naqueles X-Games foi um bastidor que tive de deixar de fora da matéria para a *Road and Track* americana, publicada em 2006.

Naquela edição do X-Games, Pastrana era piloto de fábrica para duas grandes marcas japonesas: a Subaru no rali e a Suzuki no motocross freestyle, o Moto X. Mas o grande apoiador e incentivador da sua carrera àquela época era mesmo a Red Bull (uma foto dele saltando de paraquedas SEM paraquedas, vestindo somente cueca e abrindo uma lata do energético em queda livre, viralizou em 2009 bem antes da existência do Instagram).

Nesse contexto, enquanto eu aguardava minha entrevista com Pastrana nos boxes, "orelhei" uma conversa entre o piloto e o diretor de marketing da Subaru. O executivo confessava preocupação com rumores que haviam circulado poucos dias antes, de que Pastrana havia completado um *double backflip* (mortal DUPLO para trás, coisa que ninguém havia conseguido, e talvez ninguém além de Pastrana tivesse nem ao menos tentado até então) em sua Suzuki, durante um treino em sua fazenda.

Vivia-se o auge da evolução do motocross freestyle, uma explosão de criatividade e risco sobre duas rodas que tive o privilégio de cobrir de perto pelos anos seguintes – como vocês podem acompanhar a partir da pág. 194, em "Moto *versus* Gravidade". Praticamente a cada grande competição surgiam manobras novas, cada vez mais ousadas e arriscadas (quando conversamos sobre Moto X para essa outra reportagem, em 2007, Pastrana contabilizava 23 fraturas em 23 anos de vida).

Como a competição de Moto X a ser realizada no ginásio dos Lakers, o Staples Center, acontecia na antevéspera da final do rali, o executivo pediu que Pastrana não tentasse a arriscadíssima manobra. Afinal, qualquer erro no motocross freestyle costuma significar lesões graves, o que tiraria o piloto da finalíssima do rali.

Pastrana garantiu ao chefão da Subaru que não tentaria o *double backflip* no dia seguinte, revelando que havia tentado e acertado a manobra uma única vez na vida – justamente no treino cujos rumores estavam circulando. Jurou que não seria louco de arriscar novamente diante dos holofotes de uma arena lotada, ainda por cima tendo a responsabilidade de enfrentar McRae sobre quatro rodas dali a menos de dois dias.

Pois, na noite seguinte, Pastrana pegou sua Suzuki e... foi lá e fez, levando 20 mil pessoas ao delírio no Staples Center ao consagrar-se como o primeiro da história a conseguir a manobra. Foram quase dois anos até outro piloto, Scott Murray, igualar o feito.

O que o executivo da Subaru certamente considerou loucura, eu chamo de co*hões de bola de boliche.

14
AS COISAS SIMPLES DA VIDA

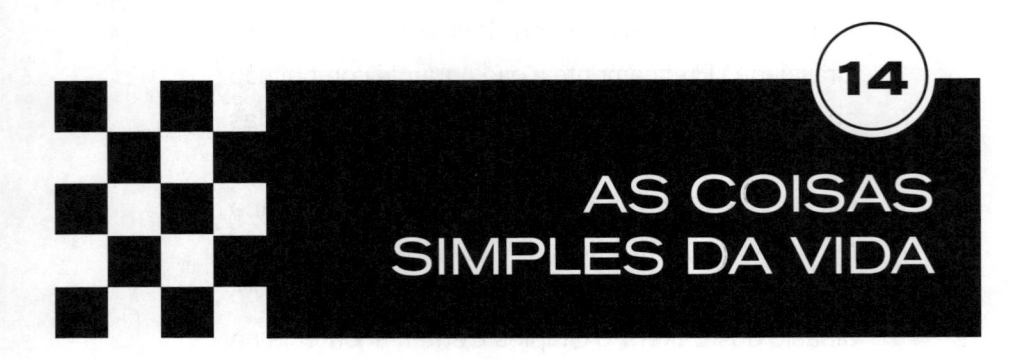

Sete estrelas da pilotagem que encontraram a felicidade após o auge de suas carreiras

"A adrenalina ou epinefrina é um hormônio, derivado da modificação de um aminoácido aromático secretado pelas glândulas suprarrenais, que em momentos de estresse prepara o organismo para grandes esforços, estimula o coração, eleva a tensão arterial, relaxa certos músculos e contrai outros", define a *Wikipedia*, refúgio dos jornalistas preguiçosos. A enciclopédia virtual, porém, furta-se de adicionar a informação principal: adrenalina vicia.

Essa verdade científica começa mas não termina de explicar a história de seis espécimes de uma espécie tão estranha quanto apaixonante – os pilotos de corrida de nível mundial. Além da profissão, Mika Hakkinen, Gil de Ferran, Christian Fittipaldi, Ricardo Zonta, Scott Pruett e Bryan Herta têm todos um traço em comum: o desejo de continuar correndo, mesmo na certeza de que os melhores anos de suas carreiras (e aqui o termo "melhores" refere-se única e exclusivamente às suas capacidades de obter os menores tempos de volta possíveis) estão no passado.

Todos eles ganharam milhões durante seus respectivos ápices, e poderiam estar mais preocupados em como gastar tanto dinheiro do que em como ganhar ainda mais. Na verdade, estão: muito além das eventuais recompensas financeiras, é a paixão pelo ato puro e simples de guiar um carro de corrida em alta velocidade, e continuar a medir-se contra seus igualmente competitivos pares, que os motiva.

O que mudou agora, após o acúmulo dos anos, é a exigência intransigente de um componente nem sempre presente nos impiedosos universos da Fórmula 1, Fórmula Indy e NASCAR: a diversão.

"Correr no DTM, para mim, foi para me divertir ao máximo", admite Hakkinen, que, aos 39 anos, parou de correr no campeonato alemão de turismo no final de 2007, tendo retornado em 2005 após quatro anos de aposentadoria na F1. "Claro que, quando o seu objetivo é vencer, a pressão sempre existe, mas a verdade é que o DTM é tão menos complexo que a F1 que a carga de trabalho para um piloto é menos de um terço, em comparação. Sem contar a parte física – o preparo exigido é bem menor, o que também poupa um tempo enorme. Em resumo: se eu não tivesse sido campeão de F1, talvez tivesse me concentrado ao máximo em ser campeão do DTM. Mas, como de fato ganhei, e duas vezes ainda por cima, meu foco total no DTM era diversão pura."

É claro que ninguém sonha chegar à F1, NASCAR ou Indy visando *não* se divertir. Mas a verdade é que, nesses meios repletos de patrocinadores, chefes de equipe e engenheiros imersos em orçamentos de oito ou nove dígitos anuais, a rotina de um piloto pode tornar-se bem menos prazerosa.

"Hoje em dia chego na pista com o mesmo espírito de antes, mas com a diferença de estar totalmente feliz por meramente estar lá", revela Scott Pruett, 48 anos, conhecido dos fãs brasileiros por diversos anos de Indy nos anos 1990, mas que teve os momentos mais difíceis de sua carreira na NASCAR, em 2000: "A NASCAR é simplesmente brutal. Você corre 36 semanas por ano, e quando não está correndo está testando ou indo a eventos de patrocinadores, que muitas vezes ficam pressionando a equipe – 'Queremos ganhar, queremos ganhar!' 'Bom, nós também!', me dava vontade de responder..."

Pruett, que hoje corre de protótipos na Grand-Am americana – competindo contra o brasileiro Ricardo Zonta –, admite que a idade o fez lidar melhor hoje com esse tipo de pressão extrapista. Outro brazuca, Christian Fittipaldi, concorda.

"Na F1 e na Indy a pressão era enorme, mas a principal diferença em relação a hoje é que eu amadureci", revela Christian, aparentando menos que seus 37 anos, atualmente pilotando um protótipo Acura na American Le Mans Series. "É claro que, se alguém está pagando um centavo que seja para você e para sua equipe, a pressão existe, mas tenho certeza que se estivesse hoje na F1 eu não consideraria a pressão tão alta quanto julgava naquela época."

A F1 mudou muito dos tempos de Christian para cá – o orçamento da McLaren em 1991, ano da estreia de Fittipaldi, foi de cerca de 50 milhões de dólares, pouco mais de um décimo do que a equipe gasta por ano hoje –, mas a competitividade quase absurda do meio, em que basicamente nenhum tapete jamais não está sendo puxado por outrem, vem de há muito.

"Existe um mercado de uns cem pilotos que têm condições de guiar um F1", Christian explica. "Caras que vão às corridas, ligam para os chefes de equipe, esse tipo de coisa. Talvez seja esse o principal motivo de a pressão em cima de um piloto ser gigantesca: simplesmente segurar a sua vaga já é uma tarefa monstro. Você se sente ameaçado o tempo inteiro."

Na American Le Mans Series (ALMS), Christian não só desfruta de mais estabilidade profissional como também da companhia de um velho rival da Indy, o americano Bryan Herta, seu companheiro na equipe Andretti Green.

"A maior mudança em relação à pressão é como você lida com ela", concorda o californiano de 38 anos. "No meu tempo de Indy, uma corrida ruim estragava uma semana inteira para mim. Agora, tudo que preciso é saber que, ao término de um final de semana de corrida, eu fiz o máximo possível. Porque, no fim das contas, isso é, de fato, tudo o que eu posso fazer. Por isso que é preciso ser jovem para ter sucesso correndo de fórmula: você precisa estar 100% dedicado àquilo o tempo inteiro para conseguir vencer."

E pilotos jovens tendem a ser ainda mais competitivos entre si. Eis outro motivo pelo qual corridas de endurance têm um clima muito mais ameno: seu companheiro de equipe dirige o mesmo carro, o que permite a um piloto não imitar Fernando Alonso na McLaren de 2007 e poder, sim, desligar o radar de paranoia direcionado para a outra metade do box de seu próprio time.

Veja-se o exemplo de Gil de Ferran. Como Hakkinen, o brasileiro está abandonando uma longa aposentadoria para correr em um Acura da ALMS (semelhante ao dividido por Christian e Herta), com um privilégio a mais: escolherá seu companheiro. Afinal, é o dono e diretor da recém-nascida De Ferran Racing.

"Meu companheiro vai ser o cara mais rápido que eu encontrar, sem dúvida – não me interessa se brasileiro, americano ou japonês, desde que ele consiga estraçalhar dentro do cockpit", diz o bicampeão da Indy (na agora extinta CART) e vencedor das 500 Milhas de Indianápolis de 2003, sua última temporada como piloto. "Não posso me iludir: faz cinco anos que não guio um carro de corrida. Preciso de um cara que seja mais rápido do que eu no começo, justamente para poder medir minha performance com precisão."

Criar uma equipe do zero significou para Gil alternar sua ensolarada casa na Flórida com uma nova base na fria Indianápolis, onde o time está sediado. Já para outro piloto/dono de equipe, Ricardo Zonta, a mudança de função significou um retorno ao lar: após adquirir a também recém-formada Panasonic Racing na Stock Car, o paranaense finalmente pode passar mais tempo em sua Curitiba natal.

"Cheguei a um ponto na minha carreira em que o meu maior objetivo é curtir as oportunidades que surgirem, tanto do ponto de vista competitivo quanto do financeiro", revela o ex-piloto de BAR, Jordan, Toyota e Renault na F1 e que, aos 32 anos, terá um 2008 intenso – além da Stock, Zonta correrá doze etapas na Grand-Am nos Estados Unidos com a equipe Krohn Racing e participará das 24 Horas de Le Mans com a Peugeot. "Sinto-me realmente feliz que pessoas em diferentes categorias – diferentes continentes, até – continuam confiando na minha capacidade dentro do cockpit de um carro de corrida."

"A verdade é que passei daquela fase de começo de carreira, em que tinha um foco total de fazer o possível e o impossível para atingir um objetivo, no caso, chegar à F1", continua. "Agora deixo a vida acontecer, aproveitando as coisas boas quando elas vêm."

Certamente, tal paixão pelas "coisas boas" do automobilismo vem junto da necessidade de continuar pagando as contas – que são altas, considerando quanto nossos personagens ganharam no auge de suas carreiras. Mas, quanto mais se fala com esses pilotos experientes, mais se tem a impressão de que essa é a última das suas prioridades.

"Nunca trabalhei tanto na minha vida", sorri Gil, que, aos quarenta anos, largou um lucrativo cargo como dirigente da Honda na F1 para dedicar-se ao projeto da De Ferran Racing. "Quando eu só pilotava, minha rotina longe das corridas era bastante definida: malhar para caramba, umas duas horas por dia para tocar meus negócios pessoais, cumprir compromissos com mídia e patrocinadores, testar e me reunir com os engenheiros da Penske. Agora que voltei a ser piloto, voltei a fazer tudo isso, mas ao mesmo tempo também sou o executivo que toca todo o resto adiante!"

"Não estou reclamando, longe disso", continua. "Aceitei esse desafio com a mesma vontade de vencer que tinha antes, e isso causa o mesmo nível de estresse que eu tinha antes. Eu adoro esse estresse. É o que me faz sentir vivo e me desenvolve como ser humano."

"Quem reclama do estresse e da pressão é quem mais sente falta deles quando eles se vão", concorda Herta. "É muito melhor ter as pessoas em sua volta esperando muito de você do que esperando nada. Muita pressão é melhor que pressão nenhuma, sempre: significa que as pessoas acreditam em você e no seu potencial."

Ouvir tais explicações traz à mente o trabalho de um psicólogo defrontado com um viciado teimoso, que se recusa a lutar contra o vício. Talvez esse seja exatamente o caso.

"Vou voltar a correr ainda este ano", revela o semiaposentado Hakkinen. "Vai ser algo mais simples, algumas corridas de GT, provavelmente. Quero sentir o carro escorregando, prender a respiração com o tranco do motor ao acelerar na saída de uma curva, ver o fim do conta-giros se aproximando a cada mudança de marcha. E quero fazer isso sem ter de me preocupar com cada milésimo de segundo em cada volta, como se cada volta fosse a última da minha vida."

"Veja bem: não sou mais um cara jovem, mas também estou longe de estar velho", conclui Mika, com sabedoria finlandesa: "Tenho experiência e saúde, então posso me divertir na pista enquanto vejo meus filhos crescerem. Nada pode ser melhor do que isso nessa vida".

15. DAKAR, A GRANDE AVENTURA HUMANA

Em um mundo cada vez mais sanitizado, o rali Dakar mantém vivo o instinto humano de superar os próprios limites

Em 1911, a batalha entre o norueguês Roald Amundsen e o inglês Robert Scott para conquistar o Polo Sul eletrizou o mundo. Diante de ambos, uma marcha de 2 mil km através de terras desertas rumo ao coração de um continente se apresentava no caminho de um único objetivo: ser o primeiro a chegar.

Em 2011, as batalhas entre Nasser Al-Attiyah e Carlos Sainz (carros), Marc Coma e Cyril Despres (motos) e Vladimir Chagin e Firdaus Kabirov (caminhões) emocionaram fãs do rali Dakar em todo o planeta. Diante deles e de 424 outros competidores, uma jornada de 9.500 km através de terras desertas pelo coração de um continente se colocava como obstáculo no caminho de um único objetivo: ser o primeiro a chegar.

Comparar a epopeia de Amundsen e Scott – que marcharam a pé e com trenós puxados por cachorros ao longo de meses – com meramente pilotar por duas semanas pode parecer exagero, mas o fato é que, nas palavras do vencedor de 2009, Giniel de Villiers, o Dakar ainda é "uma das poucas Grandes Aventuras Humanas restantes".

Armados de uma Volkswagen Amarok equipada com bancos de competição, santantônio e a miríade de equipamentos de segurança e resgate exigidos pela ASO, a organizadora do rali, o fotógrafo Marcelo Maragni e eu cobrimos essa Grande Aventura de forma inovadora. Em 2011, as conexões de banda larga via satélite eram uma grande novidade, que nos possibilitou uma estratégia diferente. Toda a imprensa que cobria o rali, naquela época, usava estradas normais para se locomover de bivaque em bivaque, acompanhando somente a largada e a chegada a cada dia.

Graças à internet por satélite, Maragni e eu "furamos" toda a concorrência, usando um carro 100% homologado para participar da competição para entrar no "trecho", as partes cronometradas do rali, sempre em terreno difícil. Para dar certo, o plano exigiu uma rotina brutal.

Acordávamos às 4h da manhã e dirigíamos de duas a três horas para estarmos em algum ponto do trecho cronometrado *antes* da passagem da primeira moto, por volta das 8h. Não poderia ser qualquer ponto: precisava ser um cenário interessante para as fotos e em local razoavelmente alto, para ajudar na recepção da antena do satélite. Permanecíamos no trecho fotografando os carros (que largam duas horas depois das motos) e os caminhões (mais duas horas depois) e apurando informações para meus textos.

Daí, era acionar a conexão via satélite e distribuir para o mundo nosso material exclusivo antes de todo o restante da imprensa mundial, que só fazia isso a partir do fim da tarde, ao chegar no acampamento seguinte. Assim, Maragni abasteceu o mundo com suas fotografias, e eu realizei coberturas cheias de material exclusivo para o Globoesporte.com, o *Diário Lance* e a revista *RACING*, no Brasil, e para a Red Bull Media House, para distribuição internacional. Sucesso.

Trabalho feito e material enviado, deixávamos o trecho por volta das 16h para dirigir mais três a quatro horas e chegar ao bivaque em torno das 20h. Hora de entrevistar os pilotos (os que ainda não haviam dormido, é claro, já que os motoqueiros normalmente deixam o bivaque antes das 5h), jantar e correr para encontrar um hotelzinho no interior argentino ou chileno. Tomar banho e ir dormir, por volta da 1h da manhã. Fechar os olhos e recomeçar tudo de novo dali a 180 minutos.

Eram 800 km rodados por dia, em média, em um carro com bancos e cintos de competição e sem banco traseiro – ou seja, aquele cochilo salvador enquanto o outro dirigia era quase impossível. Como prega sabiamente um velho mandamento de sobrevivência ralizeira: "No rali, quando puder comer, coma; quando puder beber água, beba; quando puder ir ao banheiro, vá; quando puder dormir, durma. Você nunca sabe quando vai poder fazer isso novamente".

E, se essa é a rotina da imprensa, imagine para os competidores e mecânicos, especialmente quando as coisas começam a dar errado – e no Dakar é quase certo que elas, em algum momento, darão. A melhor definição da vida de competidor no maior rali do mundo veio de um dos mecânicos da equipe Petrobras, a única naquele ano a possuir competidores entre os carros, motos e caminhões: "No Dakar, se tudo der certo, você vai se f*der pra caramba".

"Nenhum dos carros de ponta do Sertões teria condições de completar esse Dakar", confessou, na chegada em Buenos Aires, o piloto brasileiro Marlon Koerich, também da Petrobras.

Em resumo, tal como a conquista do Polo Sul por Amundsen, a vitória na América do Sul para Al-Attiyah, Coma e Chagin demandou sangue, suor e lágrimas e exigiu a superação de três etapas:

I – A Paixão: Buenos Aires-Calama

No parque La Rural, no coração de Buenos Aires, a noite de *réveillon* é quieta para as 2.500 pessoas que habitam o bivaque, como é chamado o acampamento do Dakar. Na manhã seguinte, após uma largada promocional ao lado do Obelisco da Avenida 9 de Julio, um enlace de 280 km rumo a Victoria marcará o início do enduro mais difícil do mundo para 183 motos, 33 quadriciclos, 146 carros e 68 caminhões inscritos.

Nas primeiras quatro especiais em solo argentino, o rali é surpreendentemente "não Dakar". As paisagens vastas normalmente associadas com a prova dão lugar a estradas vicinais velozes e apertadas através das zonas rurais do país. Essas estradas estão tomadas de fãs, e as cidades cruzadas pelos enlaces recepcionam os competidores como rockstars, com dezenas de milhares de pessoas indo às ruas para acenar. É difícil imaginar um povo mais apaixonado por esporte a motor que o argentino.

E andar por estradas significa vantagem para Carlos Sainz. "El Matador" rapidamente assume o controle entre os carros, vencendo três das quatro primeiras especiais para abrir uma vantagem de 4min24s sobre seu rival mais próximo, o companheiro de Volkswagen, Nasser Al-Attiyah. "Estradas são algo que conheço bem demais", admite o espanhol.

Entre as motos, o cenário é menos claro. Marc Coma e Cyril Despres fazem um duelo espetacular, com as duas KTM separadas por apenas *dois segundos* após mais de doze horas de prova cronometrada. "Se já soubéssemos quem iria ganhar, Marc e eu teríamos ficado em casa", brinca Cyril. Já nos caminhões, Vladimir Chagin também soma três estágios vencidos e vem 8min41s à frente do rival, companheiro na equipe Kamaz e compatriota russo, Firdaus Kabirov.

II – O Deserto: Calama-Chilecito

Calama marca a chegada ao Chile e, com isso, o ponto de inflexão de todo o Dakar na América do Sul: o deserto do Atacama.

Local mais seco do planeta, o Atacama é um platô de 105 mil km^2 com altitudes que superam os 3 mil metros. É também uma colcha de retalhos de salares, dunas e terrenos rochosos. É, em resumo, onde se ganha – e se perde – o rali.

Para Sainz, é onde se perde. Cinco quilômetros, os últimos cinco nas dunas de Copiapó, foram o necessário para liquidar o sonho do bi para o espanhol. Duas vezes nesse curto trecho ele atola na mesma areia atravessada sem dramas por Al-Attiyah, transformando uma vantagem de 1min22s em um déficit de 5min14s. "Agora posso controlar a prova", analisa o catarense, enquanto Sainz já antecipa o que será sua ruína: "Terei de atacar com força de agora em diante."

Para Despres, foi perdido antes mesmo de deixar Calama. A direção de prova determina que ele perdeu um checkpoint no enlace a partir de Jujuy, e adiciona dez minutos ao seu tempo total – uma vida, na briga de segundos com Coma. E Chagin com seu caminhãozão espetacularmente termina em quinto *no geral* na oitava especial. Nas mesmas dunas que traíram Sainz, o russo perde apenas para os quatro VW Touaregs e bate até a BMW X3 da "Raposa do Deserto", Stephane Peterhansel, recuperando a ponta que havia cedido a Kabirov após perder o rumo na sétima especial.

III – O Retorno: Chilecito-Buenos Aires

Antes de voltar à Argentina, Sainz ensaia uma reação vencendo a nona especial, mas uma série de problemas no décimo estágio o deixa 12min37s atrás de Al-Attiyah. Na 11ª especial entre Chilecito e San Juan, "El Matador" terá de ir para o tudo ou nada.

Vem o nada. Forçando o ritmo, Sainz arranca a suspensão dianteira direita por inteiro ao atingir um buraco, e só continua graças à solidariedade do companheiro Mark Miller, que para no trecho com peças e um par de mãos extras para ajudar. Sainz cai para terceiro, e Al-Attiyah passa a levar 52 minutos de folga sobre Giniel de Villiers.

"Melhor eu deixar o (navegador) Timo (Gottschalk) pilotar agora", brinca o árabe, já sentindo o cheirinho da vitória. No jargão do automobilismo, Al-Attiyah só precisa levar as crianças para casa. O mesmo vale para Coma e Chagin, cuja tarefa é meramente administrar vantagens confortáveis sobre Despres e Kabirov até a bandeirada final no pequeno autódromo de Baradero, a 140 km de Buenos Aires.

Nenhum dos três cede à pressão. No dia 15 de janeiro, após mais de 5 mil km cronometrados em treze especiais, Coma conquista a satisfação dupla de vencer e igualar o total de vitórias na carreira (três) do rival Despres. "Vencemos esse Dakar quando não o perdemos", provoca o espanhol. Meia hora à frente de Kabirov na geral dos caminhões, Chagin obtém o recorde de sete vitórias em uma mesma categoria no Dakar. "Vladimir é simplesmente mais rápido que eu", admite o bicampeão Kabirov.

Já Al-Attiyah parece uma criança em noite de Natal. Ele escala o teto do seu Touareg e proclama finalmente haver "realizado um sonho": "Esse é o maior dia da minha carreira; agora as pessoas finalmente encontrarão o Catar no mapa! Nunca bebo álcool, mas hoje o Timo pode abrir não uma, mas *duas* garrafas de champanhe para ele...".

Finalmente, com 41 ºC sob o sol, Sainz deixa seu carro tendo pouco a comemorar, terminando em terceiro mesmo fechando a edição como o piloto que mais venceu etapas (seis): "Esse Dakar foi duríssimo para nós", começa o espanhol. A voz embarga. "Mas Nasser e Timo fizeram um belo trabalho e mereceram a vitória. Estou nesse negócio há trinta anos e já aprendi que às vezes se ganha, às vezes se perde."

O tom de voz de Sainz é o de um homem nitidamente decepcionado, após doar tanto de si mesmo por tanto tempo e ver-se obrigado a sair de mãos abanando. Cem anos antes, o estado de espírito de Robert Scott deve ter sido semelhante quando o inglês registrou em seu diário, logo após chegar ao Polo Sul geográfico e encontrar a bandeira norueguesa lá plantada por Amundsen cinco semanas antes:

"Que terrível chegar a esse local horrendo sem ao menos ter a recompensa da primazia."

P.S.

O diário de bordo da VW Amarok usada por Maragni e eu dá uma boa ideia do quão exigente, para máquina e homens, foi o nosso plano de cobrir o Dakar entrando nos mesmos trechos que os competidores:

"2 de janeiro: A estreita passagem entre duas picapes velhas em uma estradinha de terra parece suficiente para nossa Amarok passar em alta velocidade a caminho do bivaque. Só parece. O espelho retrovisor direito fica pelo caminho, e é afixado de volta ao lugar com silver tape.

3/1: Janela dianteira direita, atingida por toneladas de pó dos competidores no dia anterior, para de funcionar.

5/1: Tentando atalhar rumo à especial em Calama, acabamos presos em uma área de mineração repleta de rochas. Uma delas decide conhecer intimamente a soleira inferior da porta dianteira direita, causando um pequeno mas profundo amassão.

7/1: Espontaneamente, a janela dianteira direita volta a funcionar.

8/1: O adesivo com o nosso número na tampa da caçamba é roubado em um estacionamento em Arica.

9/1: A poderosa buzina de ar comprimido, instalada por exigência da organização, pifa. A diversão de assustar pedestres e motoristas distraídos acaba.

10/1, manhã: Engatando a reduzida nas dunas de Antofagasta, um barulho metálico começa a vir da transmissão. E a embreagem emite um ronco alto e 'arenoso' sempre que acionada.

10/1, tarde: Na autoestrada para Copiapó, o tal barulho metálico torna-se altíssimo. Encostamos no acostamento e abrimos o capô; um projétil (provavelmente um cascalho) é expelido do motor a uns 300 km/h, quase cegando Maragni. Fim do som metálico, mas o ronco da embreagem continua.

11/1: Pilotagem demasiado entusiasmada para produzir a foto que está no caderno de imagens deste livro destalona o pneu dianteiro direito do aro, esvaziando-o. Usamos o primeiro dos nossos dois estepes. Já à noite, o ronco da embreagem some miraculosamente. Começamos a achar que a Amarok, tal como Wolverine, é capaz de curar a si mesma sozinha.

12/1, manhã: Sob um calor de 44 °C nas dunas brancas de Fiambalá, uma pedra rasga o pneu traseiro esquerdo. Usamos nosso segundo e último estepe.

12/1, meio-dia: Duas horas depois, sob o mesmo calor de 44 °C nas dunas brancas de Fiambalá, um espinho perfura nosso pneu dianteiro esquerdo. Invocando a ajuda de Deus, Jesus e Buda, usamos um compressor para tentar encher novamente o pneu destalonado no dia anterior. Mal acreditamos nos nossos olhos quando a solução de fato funciona.

12/1, tarde: Ainda eufórico com nossa boa sorte, não vejo uma pedra ao dar ré após consertar o pneu furado em uma 'Gomeria' local, e adiciono um belo amassão à parte central do para-choque traseiro.

13/1: Notamos que o para-barro traseiro esquerdo sumiu. Quando, ninguém sabe.

14/1, manhã: A estreita passagem entre duas árvores em uma duna parece suficiente para nossa Amarok dar ré e sair do caminho dos competidores no trecho. Só parece. Agora é o retrovisor esquerdo que tem seu espelho estilhaçado.

14/1, tarde: No topo da mesma duna, após todos os competidores haverem passado, a Amarok recusa-se a dar a partida. Esperamos por 1h30 até a chegada do caminhão limpa-trilha da organização, destinado a recolher competidores (competidores, não imprensa!) que ficaram pelo trecho. Os três franceses mais mal-humorados do mundo se dignam a nos fazer uma 'chupeta', mas a bateria não é o problema. O limpa-trilha então nos reboca pelo trecho, e a Amarok pega no tranco, para não mais apagar. O poder de autocura se manifesta novamente.

15/1: Provavelmente um fã mais entusiasmado arranca o acabamento do para-lama dianteiro direito dentro do estacionamento de imprensa em Buenos Aires. Ou a peça caiu centenas de quilômetros antes; jamais saberemos..."

Em resumo: cobrir na íntegra e de dentro do trecho o Dakar de 2011 foi a aventura mais legal que jurei jamais repetir na minha carreira :)

16

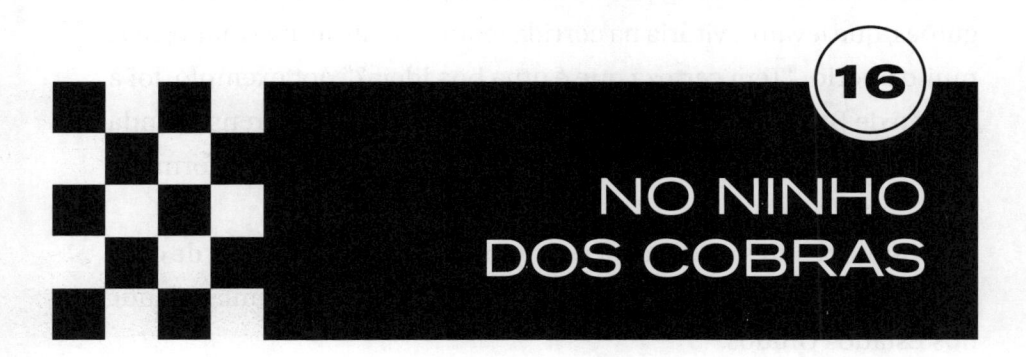

NO NINHO DOS COBRAS

Enfrentamos Rubinho, Massa, Piquet & Cia. nas 500 Milhas da Granja Viana – e, acreditem, não vencemos!

Os americanos têm uma expressão para descrever aquele friozinho na barriga que sentimos em momentos de ansiedade: borboletas no estômago. No meu caso, seria uma analogia adequada, se borboletas fossem feitas de chumbo e meu estômago estivesse localizado em alguma região entre o meu esterno e minha garganta. Representando a *Road and Track* em um time formado por dez jornalistas, eu teria a dúbia "honra" de largar nas 500 Milhas de Kart da Granja Viana.

Dúbia? *Por supuesto*: além do temor de virar notícia mundial caso provocasse um acidente (ou coisa pior) envolvendo estrelas do porte de Rubens Barrichello, Felipe Massa, Nelsinho Piquet e Tony Kanaan logo nas primeiras voltas – e seria logo nas primeiras voltas que eles me ultrapassariam, já como retardatário –, havia o pavor de ser imolado por outros nove colegas se porventura uma "braçada" minha no kart os impedisse de participar da prova.

Piorando ainda mais, há o risco de simplesmente atrapalhar os figurões, que levam a vitória na corrida teoricamente festiva muito, mas muito a sério. "Tem certeza que é uma boa ideia?", por exemplo, foi a reação de Bruno Senna ao ser informado na sala de imprensa, ainda na sexta-feira, que inscreveríamos uma equipe totalmente formada por "botas-canetas".

Uma hora antes da largada, essa pressão me leva em busca de conselhos. Eles vêm de Raphael Matos, campeão 2007 da Fórmula Atlantic nos Estados Unidos.

"Na largada, os pneus vão estar gelados", ensina. "Não tenha vergonha de frear, frear mesmo, nas curvas. Se você confiar na aderência dos pneus no início, vai descobrir só na grama que eles demoram a esquentar."

OK: confiar nos pneus, não. Mais ainda tinha outra dúvida importante, "esclarecida" já no grid por Nelsinho e Bruno Junqueira.

"Quando eu receber a bandeira azul", pergunto, "saio da frente ou mantenho o traçado e vocês que se virem?"

"Saidafrentemantémotraçado", vem a resposta, em estéreo – Bruno e Nelsinho aparentemente têm opiniões distintas sobre o assunto. "Bom, na realidade, você tem duas opções nesse caso", Junqueira conclui.

Finalmente, a agonia termina. Precisamente à meia-noite, com 65 rivais à minha direita e somente dois à esquerda, saio correndo feito um louco até o nosso kart #88, atravessado do outro lado da pista na 66ª posição em um grid de 68 karts, para a largada estilo Le Mans.

Para descrever o que se segue, o desembarque aliado no Dia D na Segunda Guerra Mundial é a melhor analogia que vem à mente: caos por todos os lados, e eu apenas tentando sobreviver. Três enroscos acontecem nas primeiras duas voltas; graças a eles, e a uma calma da qual não me sabia capaz, já sou o 56º no início da volta de número três.

Com 68 karts em uma pista de pouco mais de 1 km de extensão, rapidamente a minhoca morde o próprio rabo. Kanaan havia me dito para esperar no máximo quatro voltas antes de reparar nas primeiras bandeiras azuis; é com orgulho que encho a boca para dizer que elas vieram somente na nona volta. Sem nem mesmo abrir, o capacete azul-marinho com o *cavallino rampante* amarelo pintado atrás é instantaneamente reconhecido. Levar volta de Felipe Massa e dos outros "cobras" da Granja é quase como ser atropelado: antes de você perceber, já aconteceu.

Graças ao vácuo e ao tráfego intenso, porém, é possível "segurar-se" atrás de um Massa ou um Piquet por algo como quatro ou cinco curvas. Seguem-se então dez ou doze segundos preciosos, nos quais a pergunta é inevitável: e se os meus pais tivessem sido milionários e me colocado a andar ininterruptamente em um kart aos seis anos de idade? Poderia ser eu, hoje, a dar voltas sobre jornalistas lentos?

O delírio é interrompido logo depois, contudo. No grampo da curva 3, o ponto mais lento do circuito, o motor do #88 começa a falhar, mais intensamente a cada volta. Estimando estar perdendo mais de um segundo somente nesse ponto, abrevio meu turno de uma hora para quarenta minutos e vou para os boxes.

A primeira troca de motor leva dez minutos. A segunda troca, minutos depois, também: meu sucessor ao volante, Rodrigo França, dá três curvas antes de o motor reserva sequer ter a decência de apenas falhar intermitentemente – pifa de vez. O resgate do kart parado na pista e outra troca de motor significam que passamos metade da primeira hora de prova nos boxes. O sonho de um top-50 ao final parece distante. Mas ao menos estamos nos divertindo.

O clima de diversão acaba na quinta hora de prova, todavia. Com Betto D'Elboux ao volante, nosso #88 é tocado na entrada da reta dos boxes, um dos pontos mais velozes da pista. D'Elboux sai rodando e bate na cerca de proteção interna. "Bate", aqui, é eufemismo: "atravessa" é a descrição correta. Aumentando o drama, o incidente dá-se exatamente em frente aos nossos boxes.

Se Betto está apenas entalado sob a grade ou foi por ela empalado à moda medieval, não há como afirmar na luz artificial da madrugada.

Um interminável minuto transcorre antes de o resgate chegar e imobilizar nosso companheiro, que é levado ao centro médico da pista. Outros agonizantes quinze minutos depois, vem a confirmação: foi só um susto (e um hematoma, dos feios, na canela esquerda).

Sem nenhum colega de equipe morto, é preciso tomar a decisão: continuamos na corrida? Uma espiada no nosso kart semidestruído indicaria que não, mas após 23 (!) itens comprados e 2.053,03 reais gastos na loja do kartódromo, nossos mecânicos precisam de apenas setenta minutos para reconstruir a "bagaça". Reconstruir mesmo: a carenagem, por exemplo, foi quebrada ao meio no resgate de D'Elboux.

Às 5h10 da manhã, empurrado boxes afora pelo "meca" Alemão com uma fatia de pizza de calabresa dobrada na boca, nosso time está de volta à pista. Finalmente, decido cochilar por alguns minutos no meu carro parado no estacionamento (motorhomes são privilégio dos "cobras", afinal).

Mais tarde, às 9h30, retorno para o meu segundo e último turno, o penúltimo de nossa equipe. Duas quedas no sistema de cronometragem, porém, mudam a história da corrida. Às 10h30, prematuramente, sou – junto com os outros 59 karts ainda em ação – surpreendido pela bandeira quadriculada. Mal dá tempo de ensaiar um aceno para as câmeras, comemorando a chegada a meras 247 voltas dos vencedores, o kart #72 compartilhado por Rubinho, Kanaan, Lucas di Grassi, Felipe Giaffone e Renato Russo. Nosso 66º lugar não é exatamente glorioso, mas está apenas quatro posições atrás de Felipe Massa e a três de Christian Fittipaldi, cujas equipes abandonaram prematuramente.

No parque fechado, estaciono o kart logo atrás de Douglas Hiar, kartista e recém-estreante na Fórmula 3 Sul-Americana. Surpreso, assisto um lívido Tony Kanaan continuando fora da pista uma discussão que havia começado pouco antes, quando o duo se enroscou nas voltas finais. Talvez embasbacado diante do sermão do ídolo, Hiar, de dezessete anos, é incapaz de responder.

Normalmente, esse seria o tipo de incidente polêmico que atiçaria meu instinto de jornalista – sair atrás das versões de Kanaan e Hiar para a controvérsia seria inato. Mas, naquele momento, naquele dia, isso não aconteceria. Por doze horas na Granja Viana, deixei de ser um jornalista e observador de pilotos para tornar-me um deles.

P.S.

Uma rápida olhada na lista dos principais participantes das 500 Milhas da Granja Viana naquele ano de 2007 mostra bem o tamanho da loucura que foi inscrever, pela primeira vez na história da prova, uma equipe 100% formada por jornalistas:

Rubens Barrichello – Fórmula 1, Honda
Felipe Massa – Fórmula 1, Ferrari
Nelson Piquet Jr. – Fórmula 1, Renault
Tony Kanaan – Campeão da Fórmula Indy em 2004, Andretti Green Racing
Vitor Meira – Fórmula Indy, Panther Racing
Bruno Junqueira – CART, Dale Coyne Racing
Lucas Di Grassi – Vice-campeão da GP2 em 2007
Bruno Senna – GP2
Raphael Matos – Campeão da Fórmula Atlantic em 2007
Christian Fittipaldi – American Le Mans Series, Andretti Green Racing
Oswaldo Negri – Grand-Am Rolex Series, Michael Shank Racing
Sergio Jimenez – A1GP, Team Brasil

Antonio Pizzonia – Stock Car, ex-Fórmula 1
Luciano Burti – Stock Car, ex-Fórmula 1
Thiago Camilo – Stock Car
Pedro Gomes – Stock Car
Felipe Giaffone – Campeão da Fórmula Truck em 2007, ex-Fórmula Indy
Mario Haberfeld – ex-CART

Em 2007, não fomos rápidos, mas também não atrapalhamos (muito) nenhuma das estrelas. Um paradigma foi quebrado, e o "ninho dos cobras" abriu-se de vez. Praticamente todos os anos desde então (incluindo 2008, como vocês verão nas próximas páginas), segui participando das 500 Milhas, a maioria das vezes em times formados ao menos parcialmente por colegas jornalistas.

Nunca vencemos, e provavelmente nunca venceremos, mas a tradição de encerrar a temporada do automobilismo nacional disputando as "500" virou vício.

500 MILHAS, RELOADED

Morfamos de jornalista-piloto para piloto-jornalista, mas o cronômetro não aponta nenhuma diferença

MORPHEUS: *"A partir daqui, não há retorno. Você toma a pílula azul, a história acaba. Você acorda amanhã, e tudo continua igual. Você continua sendo um jornalista. Mas, se escolher a pílula vermelha... Você vira piloto. E vai descobrir até onde o buraco vai".*

É claro que, como o Neo de Matrix, escolhi a pílula vermelha. Esse momento pouco inspirado deu-se nas 500 Milhas da Granja Viana de 2008, quando, miraculosamente, conseguimos convencer a organização da prova de que permitir a participação de uma equipe formada exclusivamente por jornalistas seria uma boa ideia.

E o problema é que de fato foi, ou ao menos foi boa o suficiente para a epopeia ser reeditada em 2008. Com uma grande desvantagem: os tais jornalistas viraram "pilotos", perdendo o status de "café com leite" do qual desfrutamos em 2007, em nosso primeiro confronto contra Rubens Barrichello, Felipe Massa, Nelsinho Piquet, Tony Kanaan,

Felipe Giaffone e as muitas outras estrelas que fazem das 500 Milhas a principal prova do kartismo brasileiro.

Com o gosto amargo da pílula vermelha ainda na boca, tivemos de passar por todas as provações que os pilotos em tempo integral passam e jornalistas abençoados por jabás, não: correr atrás de patrocínio (como bom piloto, preciso agradecer a Dolly, MH Advisors, EIF Consultores e Alpinestars pela irresponsabilidade de haver investido em nosso time), organizar a logística e a parte burocrática da equipe, produzir layouts para carenagem e macacões, resolver crises de última hora e... a lista é longa.

Era justamente esse extenso rol de estresses que passava pela minha cabeça quando, no cockpit do kart #47, durante a décima hora de prova da edição 2008, fui abandonado por minha equipe.

Assumi a direção do kart da equipe de jornalistas – criativamente batizada de "Jornalistas" – precisamente às 21h15, quando a corrida já contava mais de oito horas de duração. Apesar de estarmos na segunda carenagem (a primeira, e única que tivemos verba para pintar com as logomarcas de todos os nossos patrocinadores, fora vitimada em um acidente no meio da tarde), a "bagaça" respondia bem, e consegui manter um ritmo confortável.

Nessa altura, nossa equipe, que havia largado em 64º, já alcançava um honroso 53º lugar, mesmo tendo largado dos boxes devido a um problema de motor antes mesmo de a luz verde se apagar. Nas 500 Milhas, os motores, todos Honda quatro tempos de 13 cv, são sorteados e iguais. Mas, como se diz no automobilismo, "nada mais diferente que dois motores iguais", e as equipes de ponta, com vários karts, conseguem escolher os motores mais saudáveis em meio ao *pool* que recebem, luxo impensável para nosso time de kart único.

Em parte pela falta de potência, minha alegria dura umas quinze voltas: o kart #4, da equipe de Nelsinho, impacienta-se com minha ligeiramente exagerada lerdeza e manifesta seu desagrado com um leve totó na traseira do #47. Leve, mas suficiente para romper o cabo do acelerador.

Parado na reta oposta, na maior distância possível dos boxes, começo a sinalizar por auxílio. Sinalizo um pouco mais. E mais. "Sinalizar" então torna-se sinônimo de murros desesperados na carenagem e no volante. Inútil: após quase doze horas ininterruptas de trabalho desde a manhã (a largada fora às 13h), meus "mecas" devem estar dormindo.

Assim, protagonizo uma cena em que, tenho certeza, meus "rivais" estelares na Granja jamais tomaram parte em suas carreiras: atravesso a pista correndo até o box simplesmente para chamar meus mecânicos para que venham recolher nosso kart.

"Por que você não acelerou com a mão?", esbraveja o "meca" ao ter sua soneca interrompida por um Cassio que, admito, talvez esteja ligeiramente transtornado.

"Talvez se vocês tivessem me visto durante a %$&*@ dos quinze minutos em que fiquei parado esperando dentro da *&%$@ do kart, você podia ter me dito isso enquanto eu ainda estava sentado naquela *&@$#!!!"

Explica-se: a pílula vermelha não imbui o jornalista que a tomou de todo o conhecimento necessário ao exercício da profissão de piloto. Como o diálogo acima ilustra, cabos de acelerador rompidos têm uma solução simples: basta que o piloto puxe o cabo com a mão direita enquanto segura o volante com a mão esquerda, acelerando o kart o suficiente para chegar até os boxes, onde o problema será consertado em definitivo. Mas para saber isso é preciso ter alguns anos de vivência pós-pílula vermelha...

E Jornalista com "J" maiúsculo é como me sinto sempre que o "trem" formado pelas feras passa, sem cerimônias, em um jogo de vácuo para o qual somente os Pilotos são convidados. Estranhamente, a cada vez que o líder Barrichello (homenageando o amigo Renato Russo com um design de capacete apelidado no paddock de "calças de palhaço") me ultrapassa, minha motivação para seguir no #47, apesar da estafa, redobra.

Mas ninguém oferece maior estímulo para eu seguir acelerando do que o kart #87, formado por assinantes da operadora de TV paga Sky, vencedores de uma promoção que lhes deu direito de dividir a máquina com Luciano Burti e Tarso Marques, pilotos da Sky Racing na Stock Car. Ali, finalmente, está uma presa fácil: um kart desprovido de Pilotos, depois de Burti e Marques terem cumprido suas participações.

Pacientemente, espero. Depois do que parecem cinco horas (foram, na verdade, duas), encontro o #87 na pista. A notícia ruim: o ritmo dele é razoável, semelhante ao meu. A boa: no tráfego, o "amigo assinante" sentado no cockpit desacelera demais para os líderes, permitindo minha aproximação.

Como um leão observando os antílopes na planície do Serengueti, aguardo. Bandeiras azuis são acenadas freneticamente – Rubinho, mais uma vez, está no meu encalço. Dou passagem, e vejo Barrichello alcançar, na entrada da reta, o kart vermelhinho da Sky. Como previa, o assinante desacelera demais.

Embuto. Normalmente, com motores idênticos, o vácuo ao longo de todo o anel externo do kartódromo permite que a ultrapassagem seja feita ainda no meio da reta dos boxes. Não é o caso com meu #47 e seu motor capenga.

Ainda colado na traseira do vermelhinho, fecho os olhos e jogo por dentro na "freada" da curva 1 – "freada" entre aspas, pois não freio. A lateral do #47 apoia-se na do #87, e executo uma ultrapassagem no limite aceitável da agressividade (e, que diabos, da ética) que não vale absolutamente nada.

Nada, além do sentimento de missão cumprida. Após quase 2h30min ininterruptas, entrego o volante ao fotógrafo Bruno Terena, que cumpre os dez minutos finais de prova. Terena só entra no kart após eu ser literalmente retirado, quase sem forças para me levantar sozinho.

A fraqueza seria motivo de vergonha, não fosse a declaração do ultrapreparado Tony Kanaan após vencer a prova mais uma vez, em parceria com Rubinho, Russo, Burti e Antonio Pizzonia: "Foi uma corrida duríssima fisicamente, principalmente no começo, quando tive de guiar por três horas seguidas no sol. Estou ficando velho para esse tipo de coisa". (Tony é sete anos mais velho do que eu, mas nossos diferentes estilos de vida significam que, provavelmente, meu metabolismo é que é uns sete anos mais velho do que o dele.)

No final das contas, um honroso 44º lugar para o Team Jornalistas. Ou não tão honroso assim, levando-se em conta que os malditos assinantes da Sky ficaram em 37º. Mas, considerando que chegamos em 66º em 2007, a lógica matemática dita que seremos 22º em 2009, e as 500 Milhas de 2010 já têm favorito...

P.S.

Um dos traços definidores das 500 Milhas da Granja Viana é o fato de ela acontecer no Brasil. Entenda-se: uma certa dose de malandragem faz parte do jogo.

Por exemplo, uma das novidades interessantes da edição 2008 foi a introdução de luzes de freio em todos os karts. Além de tornarem a visão noturna da prova mais bonita, as luzes passaram a comunicar um fato crucial: os pontos de freada de cada piloto.

Nos treinos, a novidade foi utilíssima para nós, jornalistas. Na curva 1, ao final da longa reta, observei que os pilotos começavam a frear antes de onde eu freava, e seguiam freando até depois, carregando a frenagem para dentro da curva, até o ponto de tangência. Os kartistas profissionais freavam mais suavemente, "aparando" a velocidade o mais gradualmente possível para manter o embalo do kart curva adentro.

Pois bem: ao longo da corrida, o sistema de luzes de 99% das equipes começou a "falhar", piscando intermitentemente. "Falhar", talvez, seja um eufemismo para "foram acidentalmente adulterados", de modo a não mais revelar à concorrência os pontos de freada, que vão mudando à medida que os pneus se deterioram.

Ao longo dos anos, as 500 Milhas estão sempre revisando seu regulamento justamente para ir fechando esse tipo de brecha. Um eterno jogo de gato e rato que faz parte do automobilismo.

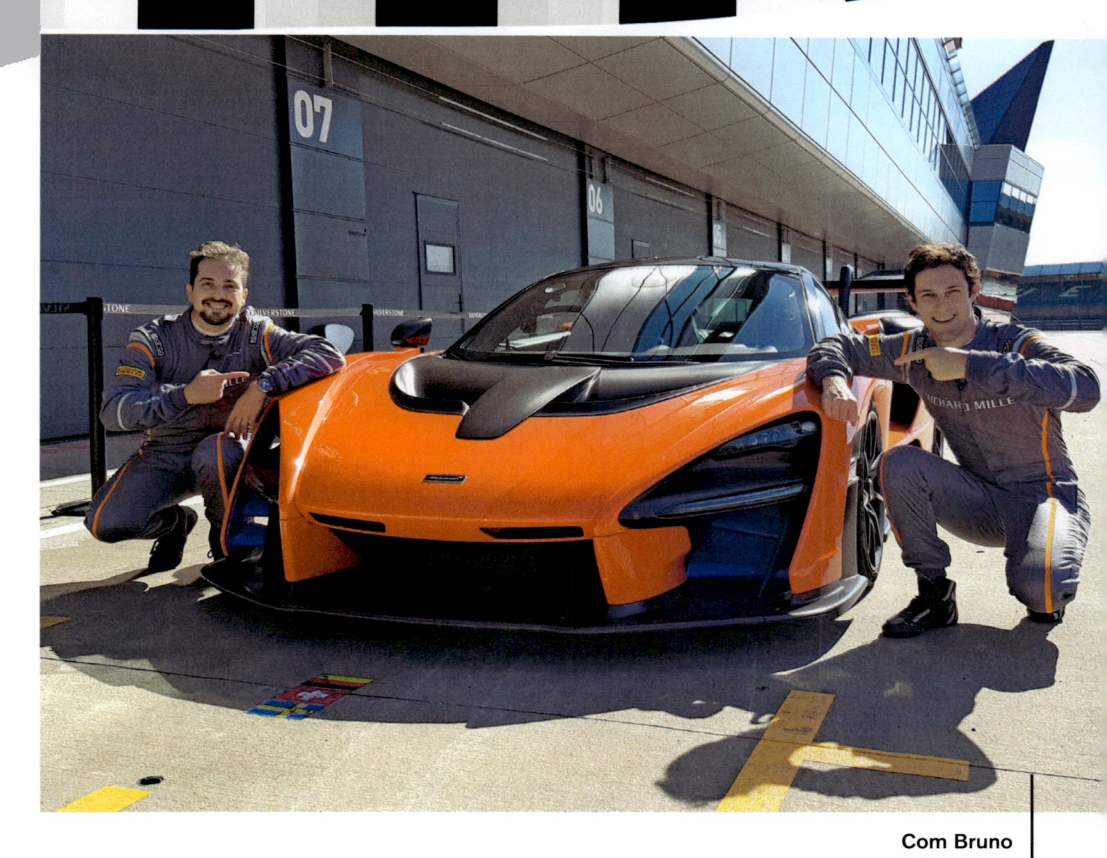

Com Bruno Senna e a McLaren Senna em Silverstone.
(Foto: Rafael Munhoz)

Poucas horas antes, com o mítico MP4/4 do "Chefe" no espetacular hall de entrada do McLaren Technology Centre.
(Rafael Munhoz)

Com o Toyota Supra no lendário circuito de Tsukuba, no Japão. (Acervo pessoal)

Na noite de Daikoku Futo com Igor BRC, Pedro Kaio e seu Skyline. (Acervo pessoal)

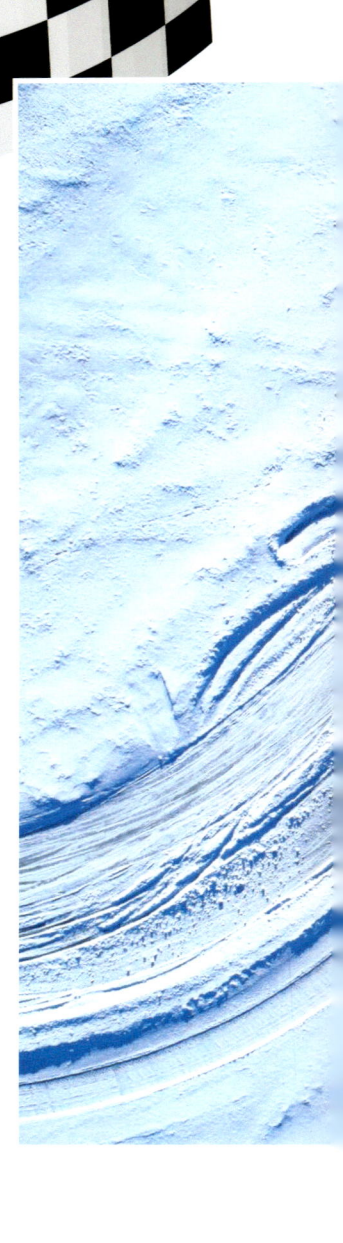

Driftando sobre o lago gelado com os 450 cv da RS 4 Avant.
(Audi/divulgação)

Na madrugada de Arvidsjaur, ela aparece – a aurora boreal.
(Diego Ruck)

O DeLorean com kit oficial da Universal Pictures e a Kombi com visual líbio. (Bruno Terena)

A noite mais cara (e divertida) da história do *Acelerados*. (Bruno Terena)

Foram 23 estados e 40 mil km EUA afora ao longo de quase seis meses... (Acervo pessoal)

..até a velha Dodge Caravan "abrir o bico" na final da Indy no Texas em 2004. (Acervo pessoal)

Seb e eu avaliando a pilotagem do Gerson na Ferrari 488 sob chuva.
(Bruno Terena)

Um pouco apreensivo antes de encarar as 120 curvas do Inferno Verde.
(Roberto Zanine)

A Alfetta 75 foi uma companheira confiável mesmo sobre piso úmido no Nordschleife. (Roberto Zanine)

É preciso ter a mão ágil na manivela-volante para domar o jerico motorizado.
(Marcelo Maragni)

Pé na Tábua no Speedster 999.
(Bruno Terena)

"Quem não gosta de carro antigo não sabe o que é bom", segundo Nelsão. (Acervo pessoal)

Os *race bays* ocupam menos de 10% da área das instalações da Red Bull Racing. (Red Bull Photofiles)

No rali, quando puder comer, coma; quando puder beber água, beba; quando puder dormir, durma. (Marcelo Maragni)

A lenda McRae passa do ponto e... (ESPN)

... vê o mundo de cabeça para baixo. (ESPN)

A pizza do jantar sendo interrompida por um pit stop inesperado nas 500 Milhas de Kart da Granja Viana.
(Luca Bassani)

Em Cuba, como os cubanos. (Acervo pessoal)

Com CUCs suficientes, você assume o volante de um Almendrón.
(Acervo pessoal)

Um belo clique rende um belo pneu destalonado e uma bela dor de cabeça. (Marcelo Maragni)

Com um pouco de jeitinho, o glamour do GP de Mônaco está ao alcance até de jornalistas durangos.
(Acervo pessoal)

Vista de Camaro-te em Bonneville.
(Bruno Terena)

Combinando com Rhys Millen qual o melhor traçado para trocar a neblina por borracha queimada na Serra do Rio do Rastro. (Marcelo Maragni)

A única pessoa a esquecer de olhar para a câmera do helicóptero. (Bruno Terena)

No *tuk-tuk* de "Michael Schumacher". (Acervo pessoal)

Com as mentes cheias de Fernet, os fãs argentinos não têm medo de chegar perto das estrelas do WRC. (Acervo pessoal)

18. ALMENDRÓN!

> Meio século depois de *La Revolución*, carrões ianques (com corações russos) ainda são o meio de transporte típico dos *habaneros*

Um Geely chinês modelo 2008, um Hyundai Accent dos anos 1990, um Lada da década de 1970 e um Oldsmobile 1958, estacionados lado a lado no centro da cidade. Seria uma cena em uma capital de um Tigre Asiático ou em alguma potência regada a petrodólares no Oriente Médio?

Não: ironicamente, cinquenta anos de comunismo e embargo econômico em Cuba transformaram Havana, mais por necessidade do que por escolha, em uma das capitais mundiais da diversidade automotiva.

Dividem as ruas de *La Habana* "banheiras" americanas pré-revolução comunista de 1959, traquitanas saídas do Leste Europeu nas décadas de 1960, 1970 e 1980 – o Lada 2160, conhecido como Laika no Brasil, e o Moskvich são os modelos mais comuns – carros coreanos e europeus dos anos 1990, frutos do início da abertura para o turismo internacional, e, cada vez mais nos tempos atuais, modelos chineses de marcas pouco conhecidas do público brasileiro, como Geely e BYD.

Destes, os mais chamativos são, sem dúvida, os *almendrones*, nome dado pelos cubanos aos carrões ianques da época do ditador Fulgencio Batista. O nome significa literalmente "amêndoas gigantes", apelido criado pelos locais devido às linhas arredondadas dos carros. Para o turista com gasolina nas veias (ou para um jornalista automotivo em férias na ilha), a reação é inevitável: é possível dirigir um?

A resposta é simples: "sim" e "não". Apesar de existirem algumas poucas unidades nas mãos de particulares, distinguíveis pela chapa amarela, a maior parte é de propriedade *del Gobierno*, através de uma empresa estatal chamada Cubatáxi. E os motoristas da Cubatáxi não podem, em hipótese alguma, passar o volante a outrem – em tese.

Uma boa conversa e a dose certa de CUCs (o *peso convertible*, moeda paralela criada pelo governo para atender os turistas e que, em uma alfinetada clara a *los enemigos imperialistas*, vale mais que o dólar) convencem o cubataxista a liberar o volante da "barca" para uma voltinha no quarteirão. Não esqueça de acender o charuto Cohiba, *por supuesto*.

Antes de você se empolgar com a perspectiva, contudo, saiba que por baixo das carrocerias evocativas aos Anos Dourados do Automóvel escondem-se características bem mais proletárias. Ao longo dos anos 1970 e 1980, a falta de peças originais causada pelo embargo econômico imposto pelos Estados Unidos à ilha foi forçando os locais a adaptar os carrões à mecânica Lada – "adaptar" mesmo, com direito a substituição completa do trem de força (motor e câmbio) e suspensão.

Como nada é fácil na vida dos cubanos, vieram a década de 1990 e o fim da União Soviética, estreitando o fluxo de peças russas e obrigando os locais a novas improvisações. Atualmente, em tempos mais economicamente arejados na ilha, motores a diesel de quatro cilindros são a escolha da maioria – Toyota, Peugeot e Isuzu são as marcas mais populares. Outras peças como amortecedores e demais periféricos também são adaptadas de comerciais leves, na maioria de origem japonesa.

Dirigir um *almendrón* é uma experiência mais náutica do que automotiva. Contando com apenas 80 cv no motor Toyota 2.4 a diesel para empurrar suas mais de duas toneladas e meia, o Oldsmobile 1952 conversível que dirijo responde a passos paquidérmicos. A caixa automática de quatro marchas também é *made in Japan*, sem nada em comum com a original. De qualquer forma, as ruas esburacadas de Havana e o olhar apreensivo do motorista Osvaldo Fidalgo, que sabe nas profundezas de sua consciência que jamais deveria ter me cedido o volante, fazem com que a velocidade de conforto realmente fique abaixo dos 40 km/h.

Depois do Olds é a vez de empregar CUCs e um bom xaveco para assumir o comando do Chevrolet 1952 de Jesus Pastoriza, que revela a preferência nacional: "*Acá se prefere el Chevy. Es lo más fuerte*". Mas de Chevy o *almendrón* de Jesus só tem mesmo a casca – o motor Isuzu é ano 2002, com caixa manual de quatro marchas e 200 mil km rodados. Como a vasta maioria, o carro de Pastoriza não possui cinto de segurança, já que a legislação que os exige nos Estados Unidos só entraria em vigor décadas depois.

Para quem faz questão de máquinas originais, há também uma opção entre os entusiastas locais. O Club Nacional de Autos Antiguos reúne-se aos sábados à tarde ao lado do Hotel Nacional, o mais famoso de Havana. Ali, só têm espaço os carros de particulares tratados a pão de ló, como em qualquer clube de antigos no Ocidente capitalista.

Mais interessante que guiar uma dessas preciosidades, todavia, é observar sua variedade nas ruas da capital cubana. De raridades como a perua Chevy Nomad a marcas já há muito extintas como DeSoto e Plymouth, o ápice da indústria automobilística norte-americana parece estar 100% representado nas ruas de Havana, como se o tempo houvesse parado. A criatividade e a engenhosidade cubanas garantiram que, mesmo após seis décadas de embargo – os últimos carros americanos zero-quilômetro entraram no país em 1960 –, mais de 70 mil *almendrones* sigam rodando por todo o país. Um número bastante significativo para uma nação de 11 milhões de almas.

Gostou da ideia de guiar um? Corra. Afinal, Fidel já se foi, e Raúl não é exatamente um garoto...

P.S.

Se os Lada russos adquiriram certa notoriedade no Brasil no início dos anos 1990, seu principal "concorrente" nos tempos de União Soviética, o Moskvich, não sobreviveu à queda do Muro de Berlim. Uma piadinha que aprendi com um dos taxistas entrevistados para esta matéria publicada em 2010 pela *Car and Driver* brasileira talvez explique o porquê:

"Sabe como se diz 'mierda' em russo?"
"Não"
"'Moskvich'."

19
MÔNACO, SEM EUROS AO DIA

Como aproveitar o GP mais glamoroso da
Fórmula 1 mesmo estando duro

Aéroport Internacional Nice, Côte d'Azur, França – O voo da KLM faz um pouso amanteigado, minha mala é a primeira a sair pela esteira de bagagens e, logo no saguão de desembarques, um homem vestindo um terno bege e segurando um cartaz da Mercedes-Benz acena em minha direção.

Somente quando ele se aproxima e abre a boca para falar comigo é que me viro e percebo o rapper Busta Rhymes e seus parças exatamente atrás de mim, desembarcando para o Festival de Cinema de Cannes.

Driblo o motorista da Mercedes e, um bumba de 4 euros e um trem de 3 euros depois, chego ao meu verdadeiro destino: o GP de Mônaco de 2008 da Fórmula 1.

Voltando a fita para dois meses antes...

...e uma ideia mirabolante. Uma passagem até Nice obtida com milhagem, um hotel decadente reservado com um ano de antecedência para a semana do GP e a esperança de talvez-quem-sabe obter uma credencial de convidado: meu plano está pronto para curtir o GP de F1 em Mônaco, a terra do café *espresso* a 20 reais, gastando menos de 500 euros. É possível? Claro! Para isso existe o jeitinho brasileiro, exemplificado nas sete estratégias de "economia criativa" a seguir.

1 – Nice *is nice*

Se o seu sobrenome não é Galvão Bueno (um morador do Principado), nem sonhe em hospedar-se em Mônaco. A vinte minutos de trem, Nice oferece opções de hospedagem bem mais em conta. A antecedência é fundamental para garantir um bom preço – a semana seguinte ao GP é a ideal para fazer a reserva para o ano seguinte. A melhor pedida é o hotel Ibis Centre Gare, literalmente do lado da estação de trem que o levará até Monte Carlo, já economizando alguns preciosos euros do táxi do hotel até a estação.

2 – Stars N' Bars

O que significam 500 euros em Mônaco? "É o que eu gastava de aluguel da scooter por três dias no meu tempo de piloto", revela o ex-F1 e atual comentarista da TV Globo Luciano Burti.

Ser criativo, pois, é a chave para economizar grana. A primeira chance para entrar no clima do GP gastando pouco é o Stars N' Bars, uma hamburgueria temática cheia de *memorabilia* de automobilismo, incluindo uma Jordan de 1993 pendurada no teto. A comida não é o bicho e os preços são tão salgados quanto os hambúrgueres, mas, pela proximidade com o paddock da F1, o Stars N' Bars vira o ponto de encontro de membros das equipes, jornalistas e dos próprios pilotos – todos possíveis vítimas para filar uma credencial, caso você ainda esteja desesperado atrás de uma.

Em uma mesma noite de quarta-feira, descolo dois passes para o final de semana: um para o paddock da GP2 (que não dá acesso ao da F1, mas tem comida e internet wi-fi de graça!) e outro para a Energy Station flutuante da Red Bull, espécie de centro nervoso do agito durante o GP.

3 – Red Bull Energy Station

Normalmente, para ter acesso ao centro de hospitalidade da Red Bull nas corridas da F1, é necessária uma credencial de imprensa ou de paddock VIP. Não em Mônaco: aqui, a Energy Station se expande e toma a forma de uma balsa flutuante com piscina, mesa de pebolim, DJ desk e capacidade para até 1.500 pessoas.

O monstro não cabe no exíguo paddock monegasco, portanto uma credencial exclusiva da Energy Station é confeccionada especialmente para Mônaco. A balsa serve 250 garrafas de vodca e 2.500 long necks de cerveja ao longo de quatro dias, e eles precisam de gente que consuma tudo isso – descolar um passe é relativamente descomplicado se você conhecer alguém que conhece alguém.

O primeiro treino em Mônaco acontece na quinta, e não na sexta. Talvez por isso os procedimentos de segurança sejam mais relaxados. Se você tiver qualquer tipo de credencial pendurada no pescoço, for esperto nos movimentos e mantiver uma expressão incólume, o acesso às arquibancadas (onde, em tese, só quem tem ingresso pode entrar) não é difícil. A técnica funcionou perfeitamente na arquibancada do S da Piscina, uma das melhores do circuito, com visão total da ação nos boxes. Vai Braziu!

4 – Rolê de barco

A Energy Station também serve como ponto de partida para botes que cruzam o cais de Mônaco para o lado leste do Principado, inacessível por terra durante as sessões de pista. É na margem leste que está o mítico túnel que torna o circuito de Monte Carlo ainda mais único e desafiador.

Também na quinta-feira, a técnica tupiniquim do "carão" ou "PedroDiLara" funciona na arquibancada da saída do túnel. Não sente, porém: é na parte de baixo desse setor, de pé, que você consegue a visão mais de perto possível em todo o calendário da F1 dos carros passando em velocidade. A 2 metros de você, os pilotos reduzem de quase 300 km/h em sétima marcha na saída do túnel para menos de 100 km/h em segunda na freada para o S, e aceleram tudo de volta até a curva da Tabacaria. Incrível.

5 – De gaiato no navio

Já que sexta-feira é um dia livre em Mônaco – uma tradição exclusiva do Principado, pois a sexta era reservada para um almoço com a família real – , é na quinta à noite, ao final do primeiro dia de treinos, que as melhores festas acontecem. Por "melhores festas", entendam-se as que rolam a bordo dos megaiates ancorados no porto local.

O rei deles todos é o *Indian Empress*, a imperatriz hindu de propriedade do dono da equipe Force India, Vijay Mallya. O 24º maior iate do mundo tem 311 pés (95 metros) de comprimento e 30 mil cv de potência, suficientes para humilhar seu tradicional vizinho, o *Force Blue* do chefão da Renault, Flavio Briatore, reles 91º colocado no mesmo ranking. Milionários mais humildes preferem alugar iates locais por um preço médio de 50 mil euros *pela diária* na semana do GP.

Com fama de boêmio, Mallya organiza na quinta a maior festa do final de semana, juntando os poderosos da F1 com as estrelas do Festival de Cannes, que acontece paralelo ao GP.

Furar essa festa é tarefa para poucos. Não é impossível, porém: conhecer de festas do GP do Brasil algum piloto baladeiro e arranjar um italiano para acompanhar a delegação dele é a fórmula para despistar a belíssima hostess na entrada – e dividir a pista de dança do meganavio com Jay-Z e Kate Hudson, entre outros.

6 – Turismo sexta

A não ser que você seja superfã da GP2 (lembrando: você não é), não há muito para ver na pista na sexta-feira – o que é ótimo, considerando a monstruosa ressaca que você terá após a micareta de quinta. Tire o dia para cumprir os clichês de turista no Principado: percorrer os 3.340 metros do circuito a pé, com paradas obrigatórias na igreja St. Devote (que dá nome à primeira curva) e no célebre Casino de Monte Carlo, repleto de Bentleys e Ferraris estacionadas à porta. Aviso ao turista durango: para desencorajar curiosos, a mera admissão nos salões de jogo custa 20 euros na semana da corrida. Mas entrar no belo saguão decorado com fotos de todos os vencedores do GP é *free*!

7 – La Rascasse

A verdade é que Mônaco, como qualquer circuito de rua, não oferece nenhum ponto em que a vista da pista é realmente excelente. Na hora de ver a corrida, o melhor é usufruir da atmosfera dos fãs em frente a um dos telões espalhados ao longo do traçado, algo que a colina sobre a curva La Rascasse atinge com perfeição. Com um bônus: é de graça (portanto chegue cedo no domingo e traga cadeiras de praia se quiser sentar).

O lado negativo é que a colina da Rascasse é, há anos, reduto de um fã mala inglês com um megafone conhecido pelos locais como Fã Mala Inglês com um Megafone (*Annoying British Fan with a Megaphone*, sendo literal).

"*Leeeewwwwiiiiisss!*", ele grita até obter um aceno tímido de Hamilton enquanto os carros alinham no grid. Em seguida: "*Fayyyyleeeeee-payyyyyy!*", tentando obter a atenção de Massa. Prepare-se: são vinte pilotos, e "*Kiiiiimiiii*" e "*Fernaaaaaaandoooo*" serão os próximos.

Ignore o Fã (ou tome cerveja após cerveja até entrar no clima da brincadeira) e o local é, disparado, o melhor para assistir à corrida sem pagar os 283 euros do ingresso mais barato, oferecendo uma vista panorâmica de toda a curva La Rascasse. Melhor ainda é descer a colina e fazer a caminhada entre a arquibancada do S da Piscina e a própria La Rascasse bem na hora da largada – é terminantemente proibido parar nessa parte, onde a única coisa separando você dos carros é um guard-rail de 1 metro de altura.

Sincronize bem seu trajeto e brasileiramente teste a paciência dos seguranças, porém, e o prêmio será ver os vinte carros passando colados por ali na primeira volta. Pode-se dizer que essa visão vale totalmente o ingresso, se você de fato tivesse pagado alguma coisa para passar por ali...

P.S.

Curtir a balada em uma balsa flutuante e no iate de um bilionário indiano ancorados no cais de Mônaco é uma bela noite de fantasia, mas a verdade é que, ao final daquela noite, ainda era preciso retornar para o humilde quarto do Ibis em Nice.

A caminhada do cais até a estação de Mônaco-Monte Carlo do trem é longa, e o primeiro trem para Nice só partiria dali a uma hora. Mesmo com os primeiros raios de sol da manhã ensaiando aparecer no horizonte, o véu da noite ainda oferecia cobertura suficiente para meu cérebro etilizado e minha bexiga saturada conspirarem para a tomada de uma decisão ousada: o esvaziamento da profusão de Singhas ingeridas ali mesmo, na zebra interna junto ao guard-rail da St. Devote.

Na sessão de treinos seguinte da F1, em sua primeira saída à pista, Felipe Massa atrasou demais a freada para a St. Devote, beliscou a zebra interna e passou reto em sua Ferrari. Caso minha umedecida noturna tenha tido alguma parcela de culpa, ficam aqui minhas tardias desculpas formais, Felipe.

20

FEBRE DO SAL

Há seis décadas, o deserto de sal de Bonneville Salt Flats é sinônimo de velocidades alucinantes e quebra de recordes. Em 2010, uma equipe brasileira encarou o deserto pela primeira vez...

Sir Edmund Hillary precisava escalar o Everest porque a montanha "estava lá", e é difícil pensar em uma explicação melhor para a motivação que leva, há mais de um século, centenas de pilotos e preparadores de todo o mundo à Meca da quebra de recordes de velocidade em terra: o deserto de Bonneville Salt Flats, em Utah, Estados Unidos.

Não se corre em Bonneville por fama, glória ou dinheiro. O deserto de sal de 412 km² é o lar de apaixonados abnegados, que investem seu próprio tempo e dinheiro em busca da resposta para uma única pergunta: "*How fast will this thing go?*".

A busca para descobrir quão rápido se pode chegar começou em 1896, quando a primeira corrida – de charretes! – foi organizada nos Salt Flats. Em 1911 o primeiro carro acelerou em Bonneville, e em 1940 o primeiro recorde de velocidade foi registrado no sal de Utah.

O fanatismo dos que dedicam horas e dólares a construir bólidos para acelerar no retão salgado de 13 km de extensão é tamanho que tem até nome: *Salt Fever*, ou Febre do Sal. O ápice dessa "doença" acontece anualmente em setembro, data do principal evento de quebra de recordes de velocidade no mundo, a Bonneville Speed Week, criada em 1949 para homologar marcas em diversas categorias.

Um único participante da edição original do evento segue acelerando até hoje. Dwayne McKinney resume a motivação dos acometidos pela Febre do Sal: "Em sessenta anos correndo aqui, não fiquei rico nem famoso, mas escrevi meu nome nos livros de recordes de Bonneville". Ter direito a utilizar o boné vermelho do *200 mph Club* (Clube das 200 milhas por hora, ou 320 km/h) ou o ainda mais cobiçado boné azul do *300 mph Club* (480 km/h) é um privilégio de poucos e o sonho de muitos.

Na versão 2010 da Speed Week, um personagem até exótico na visão dos nativos: o então tricampeão da Stock Car Cacá Bueno. O piloto da Red Bull Racing não foi a Utah fazer turismo. Na semana seguinte ao evento, seria dele a missão de acelerar um carro da Stock em busca de um novo recorde de velocidade para a categoria, como parte da primeira equipe de competição brasileira na história a ser acometida pela Febre do Sal.

A Febre já foi documentada várias vezes pelo cinema. A mais famosa é o excelente filme *Desafiando Limites* (no original, *The World's Fastest Indian*) de 2005, estrelado por Anthony Hopkins. O filme narra a história verdadeira de Burt Munro, neozelandês que encarou uma jornada épica de barco da Nova Zelândia aos Estados Unidos nos anos 1960 para realizar seu sonho de acelerar no sal.

Sem recursos, Munro sequer havia se inscrito oficialmente na Speed Week, mas sua persistência e paixão acabaram persuadindo os organizadores a permitir que ele entrasse na pista com sua Indian, moto que havia modificado durante mais de vinte anos. Munro retornou por oito anos seguidos a Bonneville, e o recorde que estabeleceu em 1967 para motos até 1.000 cilindradas, de 322 km/h, permanece até hoje.

Agora é Cacá quem caminha pelo paddock improvisado sobre o sal de Bonneville, e sua primeira reação ao passar os olhos por alguns dos 561 inscritos (380 carros e 181 motos) na Speed Week 2010 é de incredulidade. Vários carros são construídos de forma totalmente artesanal, como hobby de final de semana. "Queria ver o que acontece se esse parafusinho se desprende a 400 km/h...", diz o piloto, examinando a suspensão rudimentar de um dos competidores.

Para cada time de fundo de quintal, porém, existe uma equipe com estrutura invejável. Entre elas a grande vencedora de 2010, o Team Speed Demon. Liderado por George Poteet, o carro totalmente de fibra de carbono mais parece um caça sem asas e desenvolve 1.045 cv em seu motor turbo de quatro cilindros, desenvolvido em parceria com a Mopar, divisão de performance da Chrysler. O orçamento do time é milionário, e o resultado é impressionante: 673,34 km/h, o carro mais veloz da Speed Week 2010. Ainda longe do recorde histórico dos Salt Flats, porém: 1.014 km/h, estabelecidos em 1970 pelo carro-foguete Blue Flame.

"Stockão"

Os vídeos no YouTube são impagáveis. O ano é 1991, mas a visão da estrada Rio-Santos fechada para que um Opalão seis-canecos acelere até seu capô voar, para então ser reparado por mecânicos de bermuda e sem camisa, remete ao que se convencionou chamar de "era romântica" do automobilismo – e dá uma boa medida do quanto o esporte a motor brasileiro se profissionalizou em menos de duas décadas.

Visual mambembe à parte, o resultado é impressionante: naquele ano, Fábio Sotto Mayor estabeleceu o recorde de velocidade para um Stock Car – e, por conseguinte, para um carro de corrida de fabricação nacional – ao atingir a marca de 303,11 km/h.

Dezenove anos e três gerações de carro da Stock depois, chegou a hora de buscar um novo recorde, dessa vez em um cenário mais apropriado... Ainda no Brasil, antes do embarque para Bonneville, poucas modificações são feitas na oficina da Red Bull Racing em Petrópolis: instalação de uma relação de câmbio mais longa e remoção do limitador de giros do motor, garantindo cerca de 100 cv a mais, para um total superior a 600. Além disso, o #0 de Cacá é calçado com pneus desenvolvidos especialmente para o sal, piso que proporciona menos aderência, mas causa mais arrasto do que o asfalto.

Mesmo assim, o próprio diretor técnico da equipe tem suas dúvidas momentos antes de Cacá encarar a tarefa salgada. "Bonneville está a quase 2 mil metros de altitude, o que de cara já rouba cerca de 20% da potência do motor", pondera o multicampeão Andreas Mattheis. "Superar os 300 km/h já seria um grande feito." A homologação dos recordes é feita pela média de duas passagens pela marca de 6 milhas do retão demarcado no sal, e as duas passagens têm de ser realizadas em menos de uma hora para serem válidas.

O time Red Bull Racing de Stock Car não é o primeiro de uma categoria "convencional" do automobilismo a enfrentar o sal de Bonneville. Em 2006, a então equipe BAR-Honda (depois Honda, depois Brawn, e atual Mercedes) preparou um carro especialmente para quebrar a marca de 400 km/h em um Fórmula 1.

Não foi fácil: na primeira visita do time a Utah, a alta pressão aerodinâmica gerada pelo assoalho do carro impediu o piloto Alan van der Merwe de atingir a marca. Foi preciso um retorno à prancheta e novas modificações para, em julho daquele ano, atingir o que ainda persiste como recorde histórico de velocidade para um carro de F1: 413 km/h.

Sabedores da experiência anterior da BAR-Honda, os engenheiros e mecânicos da RBR vão trabalhando na aerodinâmica do carro #0 assim que descarregam a máquina no deserto do oeste americano. Asas dianteiras e traseiras são ajustadas para a regulagem de arrasto mínimo. A perda de potência na altitude é compensada pelos quase 10 km disponíveis para Cacá embalar e ganhar velocidade. Logo na primeira passagem, o Stock V8 supera 290 km/h. Na segunda, os místicos 300 km/h viram história.

Dali em diante, o buraco é mais embaixo: "Acima dos 300 km/h, o 'paredão' aerodinâmico torna-se imenso. Cada km/h a mais vai ser um sofrimento", prevê Mattheis.

A dirigibilidade do Stock também preocupa Cacá: "Quando passo dos 300 o 'Stockão' começa a sambar, às vezes até 3 ou 4 metros para cada lado. E o motor também não foi projetado para permanecer acelerando em seu limite máximo por tanto tempo, mais de um minuto até. O estresse nos pistões é muito grande".

Para superar as dificuldades ainda há uma noite toda para trabalhar, e o time não descansa. Até calotas improvisadas recortadas de uma folha de composto plástico são criadas, e só elas melhoraram sozinhas a máxima em quase 7 km/h. Todas as entradas de ar são vedadas com fita adesiva, os retrovisores são retirados, e um airbox (entrada de ar) improvisado é construído na calada da noite para melhorar a respiração do V8.

Na manhã seguinte, de mudança em mudança, as passagens de Cacá vão melhorando: 318,6 km/h... 335,4 km/h...

Finalmente, a última passagem produz a melhor marca: recorde homologado de 345,936 km/h na média de duas passagens pelo ponto de cronometragem.

"A felicidade é muito grande", comemora Cacá ao descer do carro. "Bonneville é um lugar histórico, um templo da velocidade, e ter escrito um pequeno capítulo dessa história como parte da primeira equipe brasileira a encarar o sal vai ser algo do qual vou me orgulhar para sempre em minha carreira."

Os quase 346 km/h atingidos por Cacá são também 1 km/h mais velozes do que outro piloto da Red Bull Racing: o então líder do mundial da Fórmula 1, Mark Webber, registrou 345,0 km/h como máxima no GP da Itália de 2010 em Monza, o circuito mais veloz da F1. Ou seja: em Bonneville, nem Webber e seu F1 superariam Cacá.

P.S.

Entre as temporadas de 2007 e 2010, estive em todas as etapas da Stock Car como assessor de imprensa da equipe Red Bull Racing, observando de perto o trabalho dos pilotos Cacá Bueno e Daniel Serra e de todo o time comandado por Andreas Mattheis. Assessoria pode ser a tarefa maçante, mas o período coincidiu com a era de ouro da Stock e da própria Red Bull no Brasil, jamais comportando um momento de tédio. As verbas eram generosas, e a cada ano havia novos projetos ambiciosos e desafiadores; o recorde de Bonneville foi apenas um entre muitos.

Em 2007 e 2008, acumulei a função de coordenador do projeto da revista *Red Bulletin – Um Jornal de Stock Car Quase Independente*, que circulou no paddock da Stock naquelas duas temporadas e marcou época. O jornal era "quente" no jargão do jornalismo, sendo rodado em gráficas locais próximas aos autódromos na madrugada de sábado para domingo e trazendo boa parte do conteúdo produzida na própria pista na sexta e no sábado, inclusive com o grid de largada definido na véspera.

Era uma correria insana, mais fácil de produzir nas etapas de São Paulo ou Curitiba, nem tão fácil em praças como Campo Grande ou Londrina. Mesmo assim, invariavelmente o *Bulletin* estava lá na entrada do autódromo no domingo cedinho, sendo disputado a tapas por todos que chegavam para trabalhar no circo da Stock a partir das 7h da manhã. Até hoje sou abordado por pessoas que se orgulham de ter guardado coleções completas da irreverente (e muitas vezes polêmica) revistinha.

Foi pelo *Bulletin* que escrevi a única matéria da minha vida 100% apurada, fotografada, redigida e publicada dentro de uma fantasia de gorila. Mas essa estória fica para um possível *Movido a Gasolina 2*...

21
PERGUNTE AO PÓ

A Baja 1000 é um dos ralis mais difíceis do mundo. Mas entrar no México para cobri-la pode ser ainda mais complicado...

A ideia era simples: embarcar em um voo para Los Angeles, pegar um carro, cruzar a fronteira para o México, dormir um punhado de horas, pular para um carro 4x4 e, então, dirigir sem parar por 1.047 milhas, ou exatos 1.684 km: a duração do rali Baja 1000 em 2006.

Tacos, Tecates mornas, paisagens incríveis, mais Tecates mornas e um olhar exclusivo nos bastidores do trabalho da equipe MillenWorks, da lendária família ralizeira neozelandesa homônima, e na estreia competitiva do carismático FJ Cruiser, recém-lançado pela Toyota. Uma aventura ao estilo de Hunter Thompson cobrindo a Mint 400 no deserto de Nevada em *Medo e Delírio em Las Vegas*, apenas mais empoeirada, pensei. Tô dentro.

O problema é que eu não contava com o poder destrutivo de... Deborah Secco. Ou, mais precisamente, de Sol, a personagem da atriz na novela global *América*, de 2005.

Cuma?, perguntaria Didi Mocó. Faz-se necessária então aqui uma...

... pausa para interlúdio:
Explicando: até 2005, o México não exigia visto de turista para brasileiros. Em 2004, por exemplo, cobri a final da extinta Fórmula Mundial na Cidade do México, vindo dos Estados Unidos, sem passar por nenhum entrave de imigração.

Corta para o poder de persuasão de uma novela das oito doze meses depois, e o afluxo insano de brazucas buscando imitar a personagem da novela, por ele causado. Se você, como eu, nunca mais viu uma novela desde o advento da TV a cabo no Brasil no início dos anos 1990, permita-me usar do Google para refrescar sua memória: em *América*, a bela Sol ia em busca do sonho de uma vida melhor nos Estados Unidos imigrando ilegalmente através da fronteira mexicana.

Foram tantos brasileiros tentando entrar ilegalmente nos Estados Unidos através *del Mexico Gostoso* que os americanos pressionaram as autoridades mexicanas a impor exigências *idênticas às dos Estados Unidos* para cidadãos do Brasil entrarem no México.

Como boa nação latino-americana, porém, os mexicanos não se preocuparam em criar nenhuma estrutura para atender o volume imenso de burocracia que as novas exigências acarretaram. Resultado: os arredores do Consulado do México no bairro dos Jardins, em São Paulo, viraram uma espécie de Cracolândia da classe média durante boa parte de 2006. Era preciso madrugar – literalmente, dormir – na calçada para garantir um lugar na fila que possibilitasse conseguir uma senha de número baixo o suficiente para ter esperança de ser atendido no mesmo dia.

Friso a palavra *esperança*: retirar a senha *não* garantia atendimento no mesmo dia. Se o seu número não fosse chamado durante o horário do expediente, que se encerrava às duas da tarde (!!), *lo siento*: volte na madrugada seguinte. Coisa que tive de fazer, após não obter sucesso na primeira tentativa.

Voltei, fui atendido após mais doze horas de périplo, e, algumas muitas semanas depois, com a data da viagem para Los Angeles já se aproximando, o veredito: visto *negado*. Na longa lista de exigências de documentação copiada no esquema *Ctrl-C Ctrl-V* da lista de demandas americanas estava uma cópia dos três últimos holerites.

Como jornalista freelancer à época, e razoavelmente bem remunerado por sinal, já que ganhava em dólares, eu não possuía três últimos holerites de lugar algum. Confiava, porém, na seguinte lógica básica para obter meu visto mexicano de turista:

1. O México havia criado grandes exigências de visto para brasileiros por pressão dos EUA, para coibir a imigração ilegal de brazucas para os Estados Unidos através do México.
2. Eu estar legalmente habilitado a *trabalhar e residir por longo prazo* nos Estados Unidos, por possuir o visto de trabalho H1B ainda vigente, com o qual eu havia acabado de residir nos Estados Unidos por quase dois anos.
3. *POR QUÉ CAR@JOS* EU IRIA QUERER IMIGRAR ILEGALMENTE PARA O MÉXICO?

Crente nessas premissas, imaginei que obter o visto de turista mexicano seria um procedimento corriqueiro, afora, é claro, a parte de ter de dormir ao relento em uma calçada fria dos Jardins por duas noites seguidas.

Uma ingênua subestimação da minha parte da capacidade de burrice das burocracias estatais, constatei. Com o *job* da cobertura da Baja 1000 já fechado com a *RACER*, e um bom cheque em dólares me aguardando em Los Angeles, não tive escolha a não ser voar para os Estados Unidos e me tornar, provavelmente, um dos únicos casos da história de estrangeiro com direito a residência legal nos Estados Unidos a entrar ilegalmente no México. Mais precisamente, a entrar escondido na parte de trás do caminhão de apoio da equipe MillenWorks.

Fim do interlúdio.

Famosa nos Estados Unidos, mas pouco conhecida no Brasil, a Baja 1000 é acima de tudo um evento... brutal. Tal como o TT da Ilha de Man, Baja é uma espécie de viagem ao passado, um evento que nossa sociedade atual demasiadamente sanitizada e advogadizada jamais permitiria que surgisse. Somente o fato de haver nascido em 1967 e criado uma tradição de décadas desde então faz com que continue a sobreviver.

Baja, em resumo: larga-se no extremo norte da Baja California, aquela longa "tripinha" da costa oeste do México, e chega-se ao extremo sul. Como, quando e por onde é algo *muito* mais livre do que na maioria dos demais ralis cross country que estamos mais acostumados a acompanhar, como o Dakar e o Sertões. A diferença principal é que a Baja 1000 não é uma competição de múltiplos dias, e sim uma corrida ponto-A-ponto-B non-stop com "mais de" mil milhas (ou seja, pelo menos 1.609 km) de extensão. Vencedores no geral costumam completar a prova em cerca de vinte horas.

Minha missão é seguir o Toyota FJ Cruiser da equipe MillenWorks como um cão fiel, mandando updates em tempo real da situação do time através de uma conexão de internet via satélite, uma supernovidade high-tech ainda bem pouco confiável em 2006 e tão cara que foi paga diretamente para a *RACER* pela própria Toyota. A ambição do time é completar a prova abaixo da marca de trinta horas.

Estou embedado na equipe de apoio, que tem uma série de pontos de encontro predeterminados com os pilotos (ao contrário de um Dakar ou Sertões, não existem acampamentos oficiais da prova ao longo do percurso) para realizar, se tudo der certo, apenas os trabalhos de rotina: reabastecimentos, trocas de pneus e de pilotos.

Já nascido como um puro-sangue off-road, "nosso" FJ Cruiser compete na categoria Stock Mini, destinada a carros com preparação leve. A equipe MillenWorks pertence ao lendário Rod Millen, neozelandês que fez fama nos Estados Unidos nos anos 1980 e 1990 ao vencer múltiplas vezes o campeonato americano de rali de velocidade e a famosa subida de montanha de Pikes Peak.

Rod é também um dos pilotos do FJ, ao lado do filho Ryan e do americano Adam Dupre – afinal, apenas dois pilotos não bastam quando a missão é pilotar no fora de estrada durante trinta horas consecutivas. A preparação do FJ se limita a um santantônio, bancos e cintos de competição, um tanque de combustível maior, GPS, suspensão reforçada com amortecedores e molas de competição, pneus especiais para as dunas e... só. O motor, por exemplo, é o 4.0 V6 original, com alguns cavalinhos a mais que os 239 de fábrica somente graças a um humilde "kit padaria" (os americanos riem quando explico a expressão "*bakery kit*") composto por remap, filtro de ar esportivo e retirada do escape original.

A potência é mais do que suficiente: na Baja 1000, você não está disputando contra os outros competidores (que incluem times de fábrica da Hummer, Mitsubishi e Honda na categoria Stock Mini), e sim contra os desafios jogados na sua direção pelo terreno e pelo ambiente hostil.

"O objetivo é manter o ritmo mais rápido possível, desde que sem aumentar os riscos de um erro de navegação ou de danificar o carro", explica Ryan Millen, o mais novo do clã Millen, que inclui o irmão mais famoso Rhys (que vocês já conheceram em "Rali Radical", na pág. 124 e conhecerão ainda melhor em "Cortina de Fumaça", na pág. 213.

"É preciso ser constante e não se preocupar com os outros competidores. Correr apenas contra o terreno é o segredo em Baja."

A questão é que não apenas a natureza enigmática da Baja California constrói os obstáculos do percurso. Um tópico polêmico, que a maioria dos pilotos americanos prefere evitar, é o hábito local de montar armadilhas, "tradição" à qual uma pequena parcela da população ainda se dedica, apesar de um longo trabalho de conscientização ao longo das décadas. A prática pode ir de coisas simples e relativamente inofensivas – como represar um riacho para aumentar o *splash* provocado pela passagem dos carros – até formas mais complexas e perigosas, como rampas de lançamento esculpidas para gerar saltos espetaculares, e até buracos cavados deliberadamente para causar capotagens.

Sobre as armadilhas, o ultraexperiente Millen-pai tem a receita para não cair em nenhuma: "Se você percebe uma concentração anormal de público em uma área bastante remota, melhor tirar o pé para evitar surpresas...", diz, só não usando "tem peixe por debaixo desse angu" como analogia por não existir angu na sua Nova Zelândia natal.

Um código de ética informal entre os pilotos faz com que obstáculos desse tipo sejam imediatamente reportados à organização da prova via rádio, mesmo por quem já passou incólume por eles e, portanto, poderia se beneficiar de abandonos da concorrência.

Highway to Hell

Em 2006, a SCORE (sigla de Southern California Off-Road Enthusiasts, entidade organizadora da prova) optou por um percurso mais ou menos paralelo à Autoestrada 1 da Baja California, pretensamente com a ideia de sacrificar menos as equipes de apoio, que poderiam usar o asfalto da "1" – que corre de cima a baixo na longa península – durante boa parte do trajeto.

Na prática, porém, a Autoestrada 1 é como qualquer estrada vicinal de uma região remota no Brasil: uma estreita tripa de asfalto em seus melhores trechos, e uma confusão de buracos e cascalho compactado nos piores. Inaugurada em 1974, não parece ter recebido qualquer tipo de manutenção profissional desde então.

O terreno desértico irregular e com baixíssima densidade demográfica (o estado de Baja California Sur, onde acontece a maior parte da prova, possui apenas 760 mil habitantes espalhados em uma área semelhante à de Santa Catarina) garante paisagens deslumbrantes, mas também dificuldades logísticas enormes, tornando a Baja 1000 um dos mais duros testes off-road tanto para as máquinas quanto para os humanos envolvidos.

"São mil milhas do que há de pior no mundo", resume Rod Millen. "Se você não deixar o terreno te derrotar, o resto se resolve sozinho."

Para ajudar o tal "resto" nessa resolução, enchemos nosso Lexus RX300 (preparado apenas com pneus todo-terreno e a conexão satelital) até o talo com duas caixas de Red Bull, água, comida enlatada e Ruffles para abastecer um pequeno exército e partimos rumo à largada.

Onde tudo começa: Ensenada, 12h40, quinta-feira

Nosso FJ e seu visual malvado, com pintura toda preta, larga do centro da cidade de Ensenada precisamente às 12h40, logo após um rápido almoço. Rod é quem pilota, carregando a esperança de chegar a La Paz dali a trinta horas.

Mas, parafraseando Mike Tyson – "Todo mundo tem um bom plano até levar o primeiro soco no queixo" –, os planos da MillenWorks começam a ser reescritos apenas 70 milhas depois, quando o pneu dianteiro direito se estraçalha de forma cinematográfica após o contato com um pedregulho.

Com pressa equivalente à de uma equipe de Fórmula 1, o time realiza a troca da roda dianteira direita e Ryan substitui o pai no cockpit. Exatos trinta segundos depois, contudo, Ryan volta ao acampamento improvisado, reclamando da dirigibilidade do FJ. A roda trocada é retirada novamente, e um amassão significativo em um dos braços da suspensão é detectado. O dano faz com que o alinhamento da roda fique completamente comprometido.

"Não sei se o estouro do pneu entortou o braço, ou se o braço entortado causou o estouro do pneu", confessa o chefe de equipe Brian Miller (com "r" mesmo). Trocar o braço inteiro da suspa levaria mais de uma hora e já praticamente mataria as esperanças de vitória do time, com menos de 8% da prova completada.

Com engenho digno de Brasileiros Que Precisam Ser Estudados pela NASA, o veterano Rod se deita na poeira com um punhado de arruelas na mão e, usando um número diferente de arruelas para parafuso da roda, corrige a cambagem afetada pela suspensão torta.

"O alinhamento agora está decente o suficiente para mantermos um ritmo competitivo, mas não temos como saber por quanto tempo esse bando de arruelas vai se aguentar no lugar", admite o neozelandês.

Não por muito tempo: San Felipe, 1h da manhã, sexta-feira

Apesar de a improvisação com as arruelas permanecer intacta enquanto o FJ atravessa a fria madrugada do deserto, o *crew* da MillenWorks decide dar uma demonstração de força e trocar o braço inteiro da suspensão no primeiro ponto de encontro da noite, na cidade de San Felipe. Foram mais de doze horas para percorrer os cerca de 250 km geográficos entre a largada em Ensenada, às margens do Pacífico, e a costa oposta, no Golfo do México.

"Foi engraçado, porque os colegas das outras equipes estavam nos perguntando como consertaríamos o braço torto, e eu respondi que não consertaríamos, simplesmente trocaríamos tudo. Foi uma correria, mas valeu a pena", sorri Ryan.

A troca relativamente rápida, realizada em pouco mais de meia hora, manteve nosso FJ na liderança da categoria Stock Mini, após uma noite escura, fria e sem problemas até a divisa do estado da Baja California com seu irmão ao sul, carinhosamente chamado de "B.C.S." pelos locais.

Perdidos na Noite: Rosarito, 7h30, sexta-feira

Fato: legisladores americanos jamais permitiriam que a Baja 1000 acontecesse em território dos Estados Unidos, com ou sem 40 anos de tradição por trás. Afinal, boa parte da competição se realiza em vias públicas, e muitas das estradas de terra usadas pelos competidores fazem ligações vitais entre os vilarejos locais.

O aspecto "corrida maluca" trazido pelo fato de a prova acontecer de forma contínua, sem divisão em estágios, força as equipes de apoio a ser um pouco... hã... "liberais" em relação aos limites de velocidade para se manterem à frente dos seus pilotos. Lembre-se que o apoio precisa chegar aos pontos de encontro sempre *antes* dos pilotos para evitar qualquer perda de tempo cronometrado para os competidores.

A taxa histórica de fatalidades da Baja 1000 rivaliza com a do Dakar, namorando com o assustador número de um óbito por ano em média. Em Baja, porém, a maioria dos incidentes envolve não os competidores, e sim as exaustas e apressadas equipes de apoio.

A necessidade de velocidade se faz ainda maior no meu caso, após errar o caminho no meio da noite a bordo do RX300. Pelos meus cálculos, perdi cerca de uma hora e tive de acelerar loucamente para estar no local certo a tempo da parada seguinte, marcada pontualmente para as 7h da manhã em uma belíssima floresta de cáctus nos arredores da cidade de Rosarito.

Poderia ter dispensado a pressa: o FJ chega ao ponto de encontro com meia hora de atraso, e a transformação da pintura de preta para marrom já oferece a explicação do motivo.

"Ficamos atolados por trinta minutos em um lago de lama logo após Santo Ignacio", lamenta Dupre, antes de entregar o volante de volta para Rod.

Para piorar as coisas, a tampa do bocal de combustível desapareceu. Sem possuir um sobressalente, a equipe, talvez inspirada pelo famoso diagrama em que WD-40 e silver tape são suficientes para resolver 99% dos problemas de engenharia desse mundo, simplesmente gasta meio rolo de fita para selar o bocal.

Desistir Jamais: Ciudad Insurgentes, 16h, sexta-feira

Uma sensibilidade politicamente correta me impede de definir o lugarejo de Ciudad Insurgentes como um "lixão", de modo que não farei isso, mas daqui até o posto de gasolina da Pemex, monopólio estatal de petróleo mexicano, é uma ruína enferrujada – e sem gasolina, já que foi abandonado há anos.

Ou seja, nosso time de apoio está com galões próprios a postos esperando o FJ, previsto para aparecer por aqui às 16h.

Uma previsão que não se confirma. De modo que esperamos. E esperamos. E compramos na pseudoconveniência do posto uma Tecate morna, pelo equivalente a 80 centavos de dólar, já que meu colega e fotógrafo Richard James assumirá o volante a partir daqui.

Esperamos mais. E mais um pouco.

Compro mais uma (OK, duas) Tecates mornas, até que, com a luz do sol já uma memória distante, nosso FJ aparece, manquitolando.

A eficiência do time, sacando as luzes de emergência para transformar a noite nesse posteco no meio do nada em dia, é impressionante. A centralina eletrônica (ECU) do motor começou a bugar 130 km geográficos antes, nos arredores de Loreto, fazendo o FJ morrer completamente. Um reboot trouxe o motor de volta à vida, mas em modo de segurança, o que o fazia desligar novamente após dez minutos, demandando um novo reboot.

O carro teve de ser rebocado de volta para Loreto (rebocar o carro é permitido pelas regras desde que "para trás", no sentido já anteriormente percorrido), onde uma nova ECU foi instalada. Sem tempo para refazer todos os testes de programação necessários, o carro ficou eletronicamente limitado a 110 km/h de velocidade máxima.

"Não chega a ser um grande problema", sustenta Rod, tentando animar o time. "Faltam 280 km para o fim, e os 140 km finais são de terreno difícil, de baixa velocidade. Não iremos passar de 110 km/h de qualquer forma."

Antes dos problemas da ECU, o FJ vinha voando a mais de 160 km/h em alguns trechos, segundo o próprio Rod. "Na região de Bahía de los Ángeles, ultrapassei alguns buggies e picapes de categorias superiores, com cursos de suspensão muito maiores do que o nosso", sorri, orgulhoso.

Chegada no Photochart: La Paz, 1h da manhã, sábado

Após 34 horas, 37 minutos e 18 segundos, nosso FJ cruza a linha de chegada em La Paz nas primeiras horas de sábado. Apesar dos problemas com a ECU, com a roda e a suspensão dianteira direita, com o bocal do combustível e com a atolada de meia hora no lago, a equipe MillenWorks fica em segundo lugar, perdendo o caneco da categoria Stock Mini para a Mitsubishi Raider pilotada por Dan Fresh, Sean Douglass e Dale Godges por míseros 33 segundos.

Sim, *segundos*. Uma diferença percentual de exatos 0,027% no tempo total de prova. Não é à toa que a Baja 1000 de 2006 foi descrita pela maioria dos veteranos da prova como "a mais dura da década".

Por mais que um jornalista tente permanecer isento, quando se acompanha o trabalho duro de um time durante tantas horas, não há como não se sentir um pouco parte da equipe e investir emocionalmente na luta pela vitória. Perder por 33 segundos após quase 35 horas de corrida ininterrupta é, sim, uma derrota amarga.

Mas o banho quente do nosso hotel-espelunca em La Paz é mais doce do que o champanhe de qualquer pódio.

22
MAESTRO DE TODOS

Meio século depois de seus cinco títulos na F1, Juan Manuel Fangio ainda é um mito para os hermanos. A 430 km de Buenos Aires, o Museo Fangio é uma viagem ao passado para os fãs do automobilismo

Contar a um amigo que se vai ao Museo Fangio equivale a dizer que você pretende visitar a galáxia de Andrômeda nas próximas férias – a resposta, invariavelmente, é um "Museu quê?".

Mas se no Brasil a memória de Juan Manuel Fangio, o primeiro pentacampeão mundial de Fórmula 1, não sobrevive assim tão bem fora dos círculos dos fanáticos por automobilismo, na sua Argentina natal o piloto (que morreu em 1995, aos 84 anos) ainda é um mito presente no dia a dia de muitos. Até na hora de abastecer o carro: a gasolina de alta octanagem da YPF, a Petrobras deles, chama-se Fangio XXI.

Em autódromos tupiniquins, a piada clássica é que Fangio era tão bom, mas tão bom, que conseguiu ser pentacampeão do mundo mesmo sendo argentino. Sacanagens à parte, depois de Fangio, o máximo que a Argentina conseguiu foi um vice, com Carlos Reutemann, em 1981 – enquanto os brasileiros faturavam oito canecos com Emerson

Fittipaldi, Nelson Piquet e Ayrton Senna, além de dois vices de Rubens Barrichello e um de Felipe Massa. Detalhe: Reutemann perdeu a decisão de 1981 para o próprio Piquet.

Fangio não é mais o maior campeão de todos os tempos da F1 desde que Michael Schumacher chegou a sete títulos (o recorde do argentino manteve-se durante 46 anos), mas ainda é o único piloto da história que:

- Foi campeão pilotando por quatro equipes diferentes (Alfa Romeo, Ferrari, Mercedes e Maserati), feito que dificilmente será igualado, dada a importância de estar no "carro certo" na F1 moderna.
- Ganhou quase 50% das corridas de que participou (foram 24 vitórias em 51 GPs, equivalentes a 47,1%). Em poles, superou os 50% de aproveitamento: foram 29, ou 55,7%. Fez ainda 23 voltas mais rápidas, 44,2% do total. Em percentagem, Fangio lidera essas três estatísticas até hoje, e também é improvável que venha a ser superado nesses números relativos.
- Conquistou todos seus títulos depois dos quarenta anos de idade. Fangio só foi para a Europa após quase duas décadas de vitórias no automobilismo sul-americano, e "perdeu" para a Segunda Guerra Mundial o que teriam sido seus melhores anos. Entre 1939 e 1945, viveu do comércio de caminhões pelas regiões rurais da Argentina.

E "El Chueco" ("O Manco", um de seus apelidos) fez isso tudo sem nunca perder a humildade: "É preciso sempre tentar ser o melhor sem nunca pensar que se é o melhor" é uma de suas frases clássicas.

O que até vários brazucas que amam corridas não sabem é que a terra natal de Fangio, a pequena Balcarce, a 430 km de Buenos Aires, abriga um espetacular museu narrando os feitos do "Maestro", como lhe chamam os argentinos. Inaugurado em 1986 e mantido por várias das marcas que Fangio ajudou a tornar vencedoras nas pistas – principalmente a Mercedes-Benz, cuja "Flecha de Prata" o argentino consagrou com dois títulos mundiais –, o museu não encontra par na América Latina em termos de importância do acervo automobilístico.

Além do Museo Fangio, a pequena Balcarce, com 40 mil habitantes, abriga um autódromo que sedia provas da Turismo Carretera até hoje. Alugando um carro em Buenos Aires, basta pegar a autoestrada para La Plata e, dela, a "Autopista" 2 rumo a Mar del Plata, que avisa logo em sua entrada: *"Maneje con cuidado – Fangio sólo tuve uno".*

Na Autopista 2, são 360 km em excelentes condições (e praticamente em linha reta através do pampa argentino – estoque energéticos no carro para não dormir ao volante) até a discreta saída para a *ruta* 55, uma estradinha de asfalto estreita mas bem conservada que leva a Balcarce após 70 km.

Enfileiradas no moderno interior do prédio, que contradiz a fachada em estilo clássico (a construção original é de 1906), estão pérolas como a McLaren que Mika Hakkinen pilotou no mundial de 1995, um Penske vencedor das 500 Milhas de Indianápolis em 1994 e a belíssima Sauber-Mercedes prateada do Grupo C com a qual Michael Schumacher estourou no cenário mundial. Além, é claro, dos cinco carros com os quais Fangio conquistou seus títulos na F1: a Alfa Romeo Alfetta de 1951, as Mercedes W196 (1954) e "Flecha de Prata" (de 1955, considerada por muitos o mais belo F1 de todos os tempos), a Ferrari D50 (1956) e a Maserati 250F de 1957.

Outras preciosidades incluem a bicicleta que Fangio deu ao seu pai após conquistar o primeiro título mundial (até então, o humilde mecânico de Balcarce caminhava para o trabalho todos os dias) e as *carreteras*, algumas ainda enlameadas, com as quais o piloto obteve suas primeiras vitórias no automobilismo sul-americano nos anos 1940. Reserve no mínimo quatro horas para curtir o museu em todos os seus detalhes.

Para os brasileiros, um carro é ainda mais especial que os demais: uma McLaren-Honda 1988, idêntica à que Ayrton Senna conduziu no ano de seu primeiro título mundial. Ao lado do carro, uma foto em tamanho real de Senna e Fangio abraçados ilustra a admiração que nosso tricampeão nunca escondeu: várias vezes, Senna afirmou que Fangio era seu maior modelo nas pistas.

A verdade é que não me recordo de elogios públicos rasgados de Ayrton a nenhum outro piloto além do "Maestro". Vendo os dois mitos juntos, a ideia é inevitável: não está na hora de termos um "Museu Senna", homenageando o maior piloto da nossa história?

23
MOTO *VERSUS* GRAVIDADE

Mais fraturas do que anos de idade: assim é a vida dos pilotos que voam pelos ares no motocross freestyle

Contemplem o esporte mais fisicamente brutal do mundo: não o futebol americano ou o rúgbi, tampouco o boxe ou o MMA, e sim um jogo jogado sobre duas rodas impulsionadas por um motor dois tempos a combustão interna e chamado de "Freestyle Motocross". Ou, mais abreviadamente, "FMX".

Agora, venham conhecer o topo da pirâmide desse jogo, o Red Bull X-Fighters, um circuito mundial com cinco etapas partindo da Plaza de Toros da Cidade do México e progredindo por Rio de Janeiro, Fort Worth nos Estados Unidos, Wuppertal na Alemanha e terminando em outra Plaza de Toros, essa em Madri. Uma jornada de glória, fama e fortuna e, para a maioria dos seus viajantes, fraturas. Muitas fraturas.

"Já quebrei minhas duas clavículas e meus dois pulsos, desloquei meus dois ombros, desloquei o tornozelo esquerdo e parti o fêmur direito ao meio. E acho que só", enumera Nate Adams, vencedor da etapa de Madri do X-Fighters em 2005. "Não, peraí: também rompi o ligamento cruzado do joelho direito. Foi na mesma queda em que desloquei o ombro direito."

Adams, um nativo de Phoenix com 23 anos que se autointitula "O Destruidor" ("*The Destroyer*"), é uma espécie de arquétipo que ilustra o crescimento explosivo do FMX nos últimos anos. Evidentemente, os logos de uma bebida energética e de uma marca de tênis descolada cobrem sua Yamaha, mas seu patrocinador principal não poderia ser mais popular: a rede de supermercados Target, uma das maiores dos Estados Unidos. Adams também é típico na forma como acabou se tornando um piloto de FMX.

"Comecei a competir correndo de motocross em 1992, mas a verdade é que nunca fui muito bom", sorri. "Não era exatamente ruim, mas ficou claro para mim já nos primeiros anos que eu nunca seria uma estrela das corridas. O motocross freestyle me veio de forma muito mais fácil e natural."

O espanhol Dany Torres, aos dezenove anos o mais jovem piloto do X-Fighters, simplifica: "Quando eu corria no motocross convencional, a parte que eu mais gostava eram os saltos. Então pensei: por que não fazer só os saltos?".

Como uma modalidade que demanda certa dose de irresponsabilidade de seus adeptos, o FMX se assemelha a outro esporte a motor outrora nichado, mas que cresce cada vez mais entre os millenials: o drifting. Além de serem ambos ilhas de subjetividade no mundo dominado pela objetividade do cronômetro do esporte a motor, o FMX e o drifting carregam outra característica em comum que explica o seu crescimento quase que paralelo: o baixo custo. A Yamaha YZ250F que leva Adams a múltiplas vitórias no X-Fighters é praticamente original de fábrica.

"Trocamos o guidão original por um menor, menos intrusivo; cortamos também os assentos para ter mais espaço para os movimentos no ar, fazemos alguns buracos na carenagem para servirem de pontos de apoio para as mãos, trocamos a suspensão por outra mais firme que aguente melhor o tranco nas aterrissagens e colocamos um escape esportivo para ter respostas um pouco mais rápidas no acelerador", enumera. "E só."

Essa facilidade de acesso ao mundo do FMX é exemplificada por um piloto no outro extremo do espectro em relação a Adams e seus patrocinadores dignos da lista de "500 Maiores" da revista *Fortune*. O brasileiro Gilmar "Joaninha" Flores – pode haver um apelido mais apropriado para um piloto de FMX do que o nome de um adorável inseto voador colorido? – faz no México, aos 28 anos, sua segunda aparição no X-Fighters.

Joaninha se notabilizou no Brasil por tornar-se o primeiro piloto do país a completar o *backflip* simples, ou seja, uma volta completa de 360 graus no eixo vertical. O famoso "mortal para trás". O piloto natural de Sinop, no Mato Grosso, ainda não consegue adicionar variâncias aos seus *backflips*, principalmente pela falta de uma piscina de espuma, ou *foam pit*, específica para treinar.

Uma espécie de lago preenchido com blocos de espuma de meio metro cúbico cada, as piscinas de espuma são fundamentais para permitir que um piloto treine e teste novas manobras sem ter a obrigação de acertar uma aterrissagem perfeita para evitar lesões graves. Como diabos Joaninha conseguiu aprender a fazer *backflips* sem possuir uma piscina de espuma para treinar? Melhor nem imaginar...

"Uma piscina de espuma profissional usa espuma não inflamável, que é bastante cara, mas é a que você *precisa* ter, sem sombra de dúvida", explica Adams. "Uma vez vi uma moto pegar fogo em um *foam pit* feito com espuma comum, retirada de colchões. Virou um inferno incandescente *assim*!", conclui, estalando os dedos para ilustrar quão rápido foi esse "assim".

"É muito ruim não ter verba para comprar a espuma certa, mas, pra falar a verdade, até encontrar a quantidade de espuma comum de colchão que eu precisava foi difícil", continua Joaninha, que acaba de terminar sua piscina própria com espuma convencional. "Tudo isso de espuma para levar até Sinop? O pessoal achava que era trote", ri.

"Eu sei que não é seguro ficar caindo com uma moto quente respingando combustível várias vezes em cima da espuma de colchão, mas fazer o quê? Não me chamo Travis Pastrana."

E assim finalmente chegamos ao homem sobre o qual Joaninha e praticamente todos os pilotos de FMX do mundo pensam obsessivamente. Aos 24 anos, Pastrana é o único nome realmente famoso em todo o mundo que o FMX produziu – ou ao menos era, até se aposentar do esporte ao final da temporada 2007 do X-Fighters. Nada fez mais pela popularidade mundial do FMX do que o tapa na cara da gravidade dado por Pastrana com seu *double blackflip* na final dos X-Games de 2006 (ver "Rali Radical" na pág. 124).

Até hoje, Pastrana é o único homem no mundo a ter atingido o feito. Ninguém, nem mesmo ele, conseguiu repetir a façanha, seja em competições, seja em treinos, seja só para poder zoar os parceiros antes de aterrissar de cabeça para baixo na piscina de espuma. Ninguém, nunca.

"Antes das pisicinas, algo como o *double backflip* era simplesmente impossível", recorda Pastrana. "De certa forma, as piscinas de espuma tornaram o esporte *ainda mais* perigoso, pois elevaram o nível técnico das competições dramaticamente, já que você pode treinar mais e arriscar *muito* mais. E mesmo assim não se pode dizer que o esporte agora é 'seguro' por causa delas. Claro que é muito mais seguro do que quando treinávamos em pistas de terra, mas já quebrei uma perna e a clavícula aterrissando na espuma."

Sobre a manobra que chocou o mundo no Staples Center em 2006, Pastrana mantém o ar de banalidade que marcou todas as façanhas de sua carreira até hoje: "Treinei o *double backflip* durante três anos e só uma vez consegui executar com perfeição nos treinos. Foi uma vez no treino, uma vez na final dos X-Games, e só. Na verdade, na própria semana da final dos X-Games, caí umas sete ou oito vezes nos treinos tentando, sem conseguir".

"Tenho certeza de que outros pilotos vão acabar conseguindo fazer o *double*, mas para mim o risco não compensa mais", continua. "Meu foco agora é no rali." Pastrana conquistou o campeonato norte-americano de rali de velocidade em 2006, pilotando um Subaru Impreza WRX.

Mas, com todas as letras: de que "risco" estamos falando, exatamente?

"Eu já passei por dezoito cirurgias devido a fraturas causadas pelo FMX, mas não é disso que estou falando aqui", segue, acrescentando uma pausa dramática antes da conclusão: "Erre um *double backflip*, e as chances de morrer são enormes".

Além de provavelmente garantir que seu número de "mais de vinte" fraturas na carreira vai parar de se expandir no mesmo ritmo, a ida de Pastrana para o mundo das quatro rodas deixou um espaço aberto no topo da pirâmide do FMX. E não faltam novos candidatos ao trono.

Um dos herdeiros mais credenciados é o australiano Robbie Maddison, que também gerou manchetes mundiais ao saltar sobre um campo de futebol americano *inteiro* na noite de *réveillon* de 2008 em Las Vegas, quebrando assim o recorde mundial de salto em distância sobre uma moto.

"Já sofri 25 fraturas, exatamente uma para cada ano da minha vida", diz o australiano com um sorriso. Um sorriso falso: os dentes da frente originais foram vitimados em uma das quedas. "A primeira quando tinha três anos, já tentando fazer manobras com a minha bicicleta. A seguinte aos quatro, já em uma minimoto. Chegou ao ponto em que eu chegava no hospital e as enfermeiras já diziam 'Olá Debbie, olá Robbie', para minha mãe e eu. O meu histórico médico ocupava uma gaveta inteira no arquivo do ortopedista."

O espanhol Torres, normalmente mencionado ao lado de Maddison e Adams como um dos favoritos para suceder Pastrana, mostra respeito pelos rivais: "Cresci assistindo 'Maddo' e Nate vencendo, e sei que preciso ir até o limite do meu limite para derrotá-los. É o que pretendo fazer esse ano".

O X-Fighters funciona em formato de mata-mata, em duelos em que cada piloto tem noventa segundos para performar as manobras mais impressionantes dentro da arena com múltiplas rampas, algumas delas permitindo saltos de mais de 15 metros de altura. Entre os truques que mais impressionam o público estão o *Superman seatgrab* (em que o piloto abandona totalmente a moto no ar e estende o corpo, depois pega a moto de volta pelo assento para aterrissar), o *tsunami* (semelhante à "parada de mão" da ginástica, mas feita sobre o guidão), o autoexplicativo *fender kiss* ("beijo no para-lama") e o *lazyboy* (em que o piloto deita sobre o assento e junta as mãos atrás da cabeça).

Backflips sem variâncias adicionais (por exemplo, o *no-footed backflip* ou o *one-handed backflip*) são considerados manobras "banais" no nível do X-Fighters. Quando o tempo se esgota, os pilotos têm direito a mais uma manobra final, normalmente guardando seu truque mais forte para fechar a sessão empolgando a galera e impressionando os juízes.

Cinco julgadores decidem qual piloto passa à rodada seguinte, até que sobrem apenas dois para a grande final, em que cada piloto passa a ter 120 segundos para performar. Será que dois minutos serão suficientes para Maddison, Adams, Torres & cia. convencerem os juízes e os fãs a deixar Travis Pastrana no passado? Começando pela Plaza de Toros do México mês que vem, descobriremos...

P.S.

Entre 2007 e 2013, cobri mais de dez etapas do Red Bull X-Fighters pelo mundo, além de duas em solo brasileiro, no Sambódromo do Rio (2008) e em frente ao Congresso Nacional em Brasília (2011). Nunca vi um esporte evoluir tão rapidamente diante dos meus próprios olhos: a maioria das manobras citadas na matéria acima, publicada pela revista americana *Cycle World* em março de 2008, havia se tornado banal um ou dois anos depois, e diversos brasileiros passaram a dominar o *backflip* após o pioneiro Joaninha. Como o próprio Pastrana havia previsto, seu *double backflip* que chocou o mundo em 2006 foi repetido por outro piloto, Scott Murray, já no segundo semestre de 2008.

Em 2011, nos X-Games 17, Jackson Strong conseguiu outra manobra considerada por anos impossível: o *front flip*, mortal para a frente, muito mais difícil por ir na direção contrária da inércia da moto no momento em que decola. E, em 2015, Josh Sheehan foi ainda mais longe, conseguindo o primeiro *triple backflip* da história.

Também como Pastrana previra, a elevação vertiginosa do nível técnico multiplicou os riscos, e pilotos vencedores no X-Fighters, como Jeremy Lusk e o carismático japonês Eigo Sato, acabaram falecendo em acidentes. Em grande parte devido a essa escalada de fatalidades, a Red Bull encerrou a organização do circuito mundial do X-Fighters ao final de 2015.

24

IDEIAS NA CABEÇA

A responsabilidade de cuidar da "impressão digital" de um piloto: a pintura do capacete

São os olhos o que mais chama a atenção de quem conversa com Bruno Theil. Grandes e azuis, pousam na retina do interlocutor e lá ficam, imóveis, até seu dono, um paulista de quarenta anos, terminar a última frase de seu raciocínio.

Olhos de um obcecado. E perfeccionista. Essa obsessão pela perfeição fez da Artmix, estúdio que Bruno mantém em São Paulo desde o início dos anos 1990, o maior centro de pinturas de capacete customizadas do Brasil e um dos maiores do mundo.

Para quem não é apaixonado por automobilismo, uma introdução: um capacete é a identidade de um piloto, seu DNA. É através do capacete que os "botas" são identificados pelo público, em uma espécie de idioma universal. Feche os olhos por três segundos e pense em Ayrton Senna ou Nelson Piquet – aposto que a imagem do casco amarelo com faixas horizontais em verde e azul, ou do capacete branco com a gota vermelha, veio à sua mente.

Por isso, a pintura de um capacete costuma ser algo no qual um piloto gasta horas, dias, semanas de sua adolescência ponderando a respeito. Existem exceções – Jacques Villeneuve usa até hoje o layout que criou aleatoriamente aos seis anos, com giz de cera –, mas são poucas. Há um restaurante em Brasília com réplicas em miniatura de mais de cinquenta capacetes dos principais pilotos brasileiros. Almoçando por lá certa vez com o piloto Hoover Orsi, campeão da Fórmula 3 Sul-Americana e da Fórmula Atlantic nos Estados Unidos na década passada, testemunhei Hoover identificar os donos dos cinquenta cascos um a um, sem errar um único.

Em suma: pilotos costumam ser tão obcecados por pinturas quanto Bruno.

"Receber um capacete e ficar com ele quatro ou cinco semanas até concluir a pintura é uma demonstração de confiança enorme que um piloto deposita sobre nós", explica. "E é uma grande responsabilidade. Um capacete pode ser a diferença entre a vida e a morte para um piloto. É preciso um profissionalismo extremo em cada etapa do processo de pintura para não adulterar as propriedades de segurança da peça."

Uma visita ao estúdio da Artmix, ao lado do Autódromo de Interlagos, na Zona Sul de São Paulo, exemplifica o profissionalismo a que Bruno se refere. São doze pessoas trabalhando em sete ambientes ao todo, para lidar com uma demanda impressionante – no dia de nossa entrevista, oitenta capacetes estão simultaneamente no estúdio, em diferentes etapas do processo de produção. Na média, a Artmix customiza em torno de cinquenta cascos/mês, por preços médios na casa dos 2 mil reais.

"Mas os valores variam, já que não colocamos limites na criatividade dos nossos clientes", continua Bruno, recordando casos de pinturas que levaram mais de dez semanas para ser concluídas, custando até 9 mil reais em valores atualizados. E casos desse tipo não faltam. O artista estima ter feito mais de 12 mil customizações desde que iniciou na profissão, ainda na garagem da casa da família no Morumbi, em 1986.

No mix da clientela, cerca de 60% são pilotos profissionais. Capacetes de F1 têm prazo de validade de dois anos, e os de outras categorias, quatro, de modo que clientes fiéis da Artmix estão constantemente tendo de renovar seu acervo. "Uns oitenta pilotos que correm no exterior utilizam nossas pinturas", estima Bruno. Entre eles, Lucas di Grassi na F1, Vitor Meira e Bia Figueiredo na F-Indy e os dois últimos campeões da Stock Car, Cacá Bueno e Ricardo Maurício. "Os outros 40% vêm justamente por causa das estrelas. Ter um capacete pintado pela Artmix se torna algo aspiracional para essas pessoas."

A relação de confiança que se estabelece entre estúdio e piloto leva a situações inusitadas. Cacá, por exemplo, recentemente fez a primeira releitura de seu layout em mais de uma década. Não deu pitacos: entregou o casco para Bruno e esperou o resultado final. O azul ficou mais escuro, a presença do vermelho aumentou, as faixas amarelas ganharam intensidade. "No começo fiquei um pouco chocado, mas depois de algumas semanas comecei a gostar. O visual ficou bem mais atual do que meu anterior", diz o piloto.

O caso de Cacá é típico, segundo Bruno. "Muitas vezes adicionamos cores ou elementos que o piloto não esperava, pois nosso objetivo é a harmonia do conjunto – como esse capacete vai funcionar visualmente em movimento, como vai funcionar visto de longe, como os detalhes vão ser percebidos de perto, com o casco nas mãos?"

A busca por essa harmonia está expressa no próprio nome da companhia. Artmix vem da mistura de artes, da fusão de tendências. "Anualmente, fazemos uma imersão de toda a equipe com profissionais de outras áreas, como arquitetos e tatuadores, para captar os próximos rumos nas artes visuais", revela. Assim, o estúdio antecipa o que será moda. Por exemplo: motivos tribais, que estavam em voga há dois ou três anos e hoje parecem tão *démodé*, eram feitos pela Artmix há mais de quinze anos.

Tal sintonia com as tendências mundiais fez com que Bruno fosse um dos vinte designers escolhidos para o Red Bull Helmet Art, uma exposição que reuniu os mais renomados artistas do ramo no GP dos Estados Unidos de F1 em 2006. "Foi um orgulho ser escolhido entre os vinte do mundo. E consegui arrastar para Indianápolis o Sid, que não queria ir de jeito nenhum, dizendo que seu inglês não era bom..."

"Sid" é Sid Mosca, sinônimo de pintura de capacetes para quem é fã de F1. O paulista é considerado um pioneiro mundial, talvez o primeiro artista a usar capacetes como "tela" para sua arte. Seu trabalho com Emerson Fittipaldi, Nelson Piquet e Ayrton Senna lhe conferiu relevância internacional.

"O trabalho dele com formas geométricas e cores fortes influenciou toda uma geração de pintores", admite Bruno. "Mas acredito que, em termos de atualização com as mais novas tendências, estamos à frente." Se o modernista Sid é o Niemeyer dos capacetes, Bruno é Frank Gehry, o polêmico arquiteto pós-moderno por trás de obras como o Guggenheim de Bilbao.

Mas... voltando aos olhos. Em nosso papo de mais de uma hora, o olhar de Bruno só se desvia para conferir intermitentemente o meu capacete de moto, um AGV italiano topo de linha que repousa sobre a mesa. Fornecedora dos cascos de Valentino Rossi desde o início da carreira de *"Il Dottore"*, um AGV é artigo de luxo em nosso país, chegando a custar mais de 3 mil reais.

Finalmente, não resisto e pergunto o que tanto incomoda Bruno. "Repare nesse acabamento", ele diz, apontando a linha em que a tinta cinza se encontra com a preta no meu casco. "Está todo serrilhado!"

De fato, aproximo meu olhar e, em escala praticamente imperceptível a olho nu, encontro o ponto em que o que deveria ser uma linha reta torna-se um quase microscópico zigue-zague de cinza e preto. Uma imperfeição que não escapou aos olhos de Bruno Theil.

P.S.

Dei-me ao luxo de bancar uma pintura profissional de capacete de corridas pela primeira vez logo após finalizar essa matéria, em 2008. À época, acabei criando um desenho meio inspirado no de Juan Pablo Montoya (sempre chamado carinhosamente por Rubinho de "El Gordo"), mas com outras cores. Como fundo da pintura, tive a ideia de escrever na fonte Courier New, a clássica das máquinas de escrever, o texto conhecido como "*lorem ipsum*" – um palavrório sem sentido em latim, usado por designers de revistas no mundo todo para marcar a posição do texto em uma página antes de o repórter enviá-lo para a redação. Quis deixar marcado que, por baixo daquela viseira, estaria sempre um jornalista.

Meu desenho foi evoluindo ao longo dos anos até estabilizar-se no "Vettel gremista" que uso desde 2016, finalizado pelo designer Raí Caldato, o mesmo que assina os capacetes de Lewis Hamilton na F1. O layout e as cores foram mudando, mas o *lorem ipsum* na base continua lá até hoje.

25
FERNET CON COCA

Acompanhar uma etapa do mundial de rali WRC na Argentina é um exercício de tempo, paciência e resistência hepática

A América do Sul abrigará em 2009 dois grandes campeonatos mundiais de automobilismo sancionados pela FIA. Um é a Fórmula 1, em São Paulo, Brasil. O outro é o World Rally Championship, o Mundial de Rali WRC, em Córdoba, Argentina. Pouco, sim, mas infinitas vezes mais do que o total (zero) de eventos FIA nos Estados Unidos, por exemplo.

Por razões misteriosas, porém, a etapa do mundial de rali no país *hermano* praticamente não aparece no radar da mídia e dos fãs verde-amarelos. Tentando jogar alguma luz sobre esse enigma, embarquei em uma jornada cheguevariana de integração pelo continente para promover a irmandade Brasil-Argentina nas trilhas do rali.

On the Road

Che Guevara usou uma moto, mas eu, capitalista decadente, opto pela via aérea para chegar a Córdoba, a "Detroit argentina" – é lá que estão instaladas as principais montadoras do país. É a cidade de 1,3 milhão de habitantes, distante 700 km de Buenos Aires, que faz as vezes de sede do rali.

Ou não: na verdade, o epicentro dos acontecimentos é a pequena Villa Carlos Paz, que reúne 56 mil almas a 36 km de distância de Córdoba. É em Carlos Paz que está a área de serviço – nenhuma relação com a que abriga a máquina de lavar e o varal no seu apê – para onde os carros do WRC seguem no fim da manhã e ao final de cada dia de competição. Para Córdoba e seu estádio "sobra" o prólogo, estágio inicial curto e pensado para ser um espetáculo para o grande público e que pouco influencia no resultado final da prova.

O palco dos prólogos é o estádio Chateau Carreras, tomado por 30 mil pessoas que vão ao delírio com o duelo inicial, entre o Citroën C4 de Sébastien Loeb e o Ford Focus de Mikko Hirvonen, ambos com mais de 330 cv e tração nas quatro rodas. Depois dos dez carros dos "cobras" do WRC, porém, a qualidade do espetáculo vai decaindo até concluir com um desfile mambembe dos piores carros da categoria A6 – leia-se Corsas e Palios dos anos 1990.

Destaque para a capotagem em slow motion, a única da noite, de um Palio "bolinha" da primeira geração, pilotado por um tiozinho de mais de 100 kg, hilariamente ridicularizado em castelhano pela massa de fãs já calibrados por litros de Quilmes.

Apesar de divertido, o prólogo não oferece a verdadeira experiência do rali. Para isso, é preciso encarar várias dezenas, às vezes até centenas, de quilômetros até os locais das especiais, que, nas etapas argentinas, têm nomes exóticos como Ascochinga e Icho Cruz.

O problema: você e mais cerca de 499.999 pessoas (o público estimado do Rali da Argentina é de 500 mil) estarão dividindo as mesmas estradinhas vicinais de acesso aos estágios. Arme-se de paciência e um iPod de 60 Gb, de preferência abastecido com clássicos de Fito Páez e Charly García, para entrar no clima.

Fernet con Coca

Horas de engarrafamento superadas, chega-se ao "prêmio", o acesso às áreas de espectadores montadas no meio do mato. Nelas, duas opções: embrenhar-se mato adentro atrás de um barranco ou pedregulho que ofereça um bom ângulo de visão, ou comprar, a preços obscenos, o ingresso para as "*carpas*", espécie de oásis com comida e bebida à vontade, arquibancadas montadas junto ao trecho, shows de rock ao vivo e até DJs de música eletrônica, quando o sol começa a sumir.

Nesse microuniverso dedicado à orgia gastronômica, os itens de maior popularidade são os *asados* de carne de cordeiro, verdadeiras chacinas de dezenas de animais inteiros (ótimas para horrorizar sensibilidades vegetarianas), e o *Fernet con Coca*, drinque que mistura um tipo de Underberg local com Coca-Cola.

Aliás, "os" *Fernets con Coca*, plural, são uma descrição mais adequada. O público começa a chegar em massa por volta das 8h, e às 11h o índice de sobriedade dos fãs já atingiu níveis inferiores aos da Bovespa atual.

Brasil-il-il

O alcoolismo é explicável: os carros passam diante de uma determinada *carpa* duas vezes em um dia de competição, uma no início da manhã, outra no fim da tarde. De fato, as passagens são sensacionais – ver Sébastien Loeb & Cia. voando a mais de 140 km/h em uma estradinha de fazenda a menos de 3 metros de distância de seus tornozelos é uma experiência à qual todos com alguma gasolina nas veias devem se submeter uma vez na vida.

Honestamente, porém, entre uma passagem e outra não há muito mais a fazer além de beber e comer. E beber, e comer, e beber novamente. E, que diabos, não seriam os malditos argentinos a superar a nós, brasileiros, no engenho e arte da maratona alcoólica.

Logo me deparo com um grupo de brazucas vindos de São Paulo para assistir ao rali. Um deles, já bastante versado na arte de eliminar Fernets, empolga-se ao encontrar sob uma rocha uma intrigante porta enferrujada, provavelmente pertencente a algum Renault do século passado.

"Olha, o Loeb bateu e perdeu a porta!", arrisca, enquanto prende a sucata junto ao corpo com a axila esquerda e "pilota" um volante imaginário com a mão direita. É bobo, sim, mas arranca fortes risadas etílicas da delegação tupiniquim, incluindo deste repórter. Respiro e, antes de mais um gole de Fernet, relembro o compatriota das propriedades letais do tétano. Resignado, ele abandona a "pilotagem".

"Flecha sem Pena"

Felizmente, nem todos os brasileiros em Villa Carlos Paz estão tão fora de si. Pelo menos um representa bem nosso país: o baiano Daniel Oliveira, de apenas 23 anos, disputa na Argentina o que foi somente o terceiro rali de velocidade de sua carreira. E faz bonito: a bordo de um Subaru Impreza da categoria N4, Oliveira chega a andar entre os quinze primeiros na classificação geral antes de sofrer uma quebra na caixa de direção que lhe custa dez minutos em reparos.

Ao final, o 23º lugar (13º na N4) entre os cinquenta participantes é comemorado pelo baiano, conhecido no meio do rali nacional pelo apelido "Flecha sem Pena" – rápido, porém desgovernado. "Isso é coisa que o pessoal da Bahia inventou", justifica, antes de comemorar seu bom desempenho: "Agora a flecha tem penas".

Oliveira disputará a temporada completa do campeonato argentino de rali em 2009. "Como o rali de velocidade ainda tem pouco apoio no Brasil, decidi encarar logo o campeonato argentino, que é bem mais forte e corre essa etapa junto com o Mundial. Infelizmente, o rali é um esporte caro e o retorno em nosso país segue sendo bastante baixo."

Monsieur Sympathie

Maratona gástrica concluída, é hora de abandonar a *carpa* e enfrentar o engarrafamento de volta para a área de serviço, onde os carros serão reparados e preparados para o dia seguinte. Para o fã médio, é a oportunidade de ver as estrelas Sébastien Loeb, Mikko Hirvonen e Petter Solberg bem de perto.

Para mim, com acesso ao box da Citroën, é a oportunidade de presenciar o mau humor do francês multicampeão – Loeb venceu os últimos cinco campeonatos, de 2004 a 2008. Apesar de ver a estrela dar entrevistas em inglês na TV há anos e anos, Loeb, *muy* francesamente, finge não compreender bem o idioma de Shakespeare quando busco o diálogo. *Trés, trés chic.*

Enxágue e Repita

Já é noite fechada, mais de 21h, quando a área de serviço começa a esvaziar. O ritmo frenético não diminui, porém. É preciso jantar rapidamente para dormir cedo, pois no dia seguinte o despertador tocará às 5h da manhã – qualquer tentativa de estender a preguiça significará um lugar ruim no trecho do dia seguinte, quando a primeira passagem dos carros está marcada para as 9h. Será assim de quinta à noite até o final da competição, no domingo à tarde, com (mais uma) vitória do simpaticíssimo Loeb.

Portanto, comece já seus planos para 2010: separar alguns dias de férias para assistir ao WRC *in loco* é uma experiência única, mas que exige outros dias de férias logo na sequência.

P.S.

Infelizmente, o rali de velocidade segue pouco popular no Brasil em 2020, tal como era em 2009 (ao menos os Estados Unidos "ganharam" Fórmula 1 e WEC de lá para cá). "Retranca", no jargão das revistas, é aquele pequeno texto de apoio ao texto principal, normalmente publicado em um box separado. Reproduzo aqui a retranca do texto original, para ajudar os menos versados no mundo do rali:

"Estágio: o mesmo que especial ou trecho – a seção de estrada fechada ao tráfego para a competição do rali. Uma etapa do WRC tem em média 20 estágios: um prólogo disputado na quinta à noite, oito estágios na sexta, oito no sábado e três no domingo.

Prólogo: estágio curto, especialmente preparado em uma área restrita (normalmente um estádio) que permita grande aglomeração de público. No WRC, os prólogos são disputados em duelos mano a mano, com dois carros na pista ao mesmo tempo, mas partindo de pontos diferentes. A vitória no prólogo costuma ser irrelevante para o resultado final do rali, já que a distância percorrida é muito curta – na Argentina, os pilotos de ponta do WRC precisavam de 2min30s para concluir o prólogo, enquanto o tempo total do vencedor Loeb superou 3h57min.

Área de serviço: os boxes, a área onde as equipes acampam seus motorhomes e realizam os reparos nos carros no meio e ao final de cada dia de competição.

Enlace: os trechos não competitivos percorridos pelos competidores para ir de um estágio a outro.

WRC: além de sigla para World Rally Championship, designa a categoria principal, com carros especialmente construídos para a competição, os World Rally Cars, com tração nas quatro rodas e até 2 litros de cilindrada. Nos últimos anos, Citroën C4 e Ford Focus dividem as vitórias.

N4: o mesmo que P-WRC, Production-WRC. Segunda categoria na hierarquia, para carros com preparação, mas baseados em modelos de produção com tração nas quatro rodas e até 2 litros de cilindrada. Dominada pelos Subaru Impreza e Mitsubishi Lancer Evolution.

A6: a categoria mais humilde do mundial, também chamada de J-WRC, Junior WRC. Carros de tração dianteira e cilindrada até 1600 cm^3. O Suzuki Swift e o Renault Clio são os papões no mundial."

26
CORTINA DE FUMAÇA

Driftando e quebrando recordes
na Serra do Rio do Rastro

O esporte a motor brasileiro nunca viu nada igual.

Em um dia de sol e frio em novembro, um recorde é quebrado – ou melhor, estabelecido. O piloto neozelandês Rhys Millen sobe a Serra do Rio do Rastro, estrada que liga as cidades de Lauro Müller a Bom Jesus da Serra, no estado de Santa Catarina – e que é, provavelmente, a rodovia mais bela em território brasileiro –, em menos de um terço do tempo necessário para um motorista comum.

Para cravar a marca, Millen trouxe ao Brasil pela primeira vez seu Hyundai Genesis de 750 cv, potência equivalente à de um carro de Fórmula 1. O bólido é o mesmo com o qual Rhys quebrou em 2009 o recorde de Pikes Peak, o evento de subida de montanha mais famoso do mundo, que ocorre anualmente no estado americano do Colorado.

Sobre Pikes Peak, falei brevemente no início desta Parte II, lembrando como conheci Mike King no cume do pico. O que não narrei foi como quase fui parar no fundo dos precipícios da bela montanha.

Nos últimos anos, a Pikes Peak Hill Climb foi "nutellada": o percurso hoje é 100% asfaltado, o que dificulta, inclusive, a comparação entre recordes de diferentes eras. Mas o trajeto encarado pela minha Dodge Caravan 1993 em 2004 ainda era percorrido em mais da metade de sua extensão sobre piso de chão batido, com abismos ao lado da estradinha muitas vezes superando os 300 metros de queda livre, sem nenhum tipo de guard-rail ou outra proteção.

Na subida, à medida que a velha Caravan com 170 mil km no hodômetro avançava, o cheiro de embreagem queimada crescia na mesma proporção, enquanto o cansado câmbio automático de quatro marchas se confundia sobre qual plano de ação adotar. A inclinação é intensa e constante, sem amainar jamais. Aos trancos e (literalmente) barrancos chegamos, van e eu, ao topo: vistas fora da realidade, e o papo com Mike King que me rendeu o convite para a cabine da etapa da Indy no Pikes Peak International Raceway.

Hora de descer. As placas obrigam: "Desça em primeira marcha". Com minha embreagem em frangalhos e os freios aparentemente não, decido alternar o freio motor com trechos de "banguela" nas partes menos inclinadas, contendo a descida apenas nos freios e ignorando outras placas que avisam: "*Hot Brakes Fail*". (Lembrem-se: sou jovem e estúpido, portanto imortal.)

Deixando tudo ainda mais interessante, nas curvas fechadas (que são muitas, no traçado com vários grampos), o óleo "emborca" e o nível vai lá embaixo, levando as luzes-espia e os avisos sonoros do painel à loucura quando o motor trabalha "a seco" por alguns segundos. A solução que encontro é traçar as curvas como em um autódromo, abrindo os ângulos de tomada e saída ao máximo.

Na metade do caminho, há um checkpoint com um guarda-florestal equipado com um termômetro, para medir a temperatura dos freios de cada carro que desce. Nem precisa medir o meu: quando tento parar totalmente, um guincho horroroso e um fumacê desgraçado me fazem parar uns 2 metros além do guarda, que pergunta indignado:

"Está descendo em primeira marcha?!"

"Hummm... *sometimes*."

"Espere 45 minutos até os freios esfriarem, depois desça em primeira!"

"*Yes, sir!*"

O policial jamais saberia que os 2 mil metros seguintes de descida sem freios, sem embreagem e sem poder fazer curvas fechadas foram a única ocasião nessa vida em que senti constante medo de morrer dirigindo um carro de rua.

Mas, de volta ao Rio do Rastro, ou "Serra de Rastro", como Millen insiste em simplificar em seu forte sotaque *kiwi*. Ao todo, são três dias de ação com Rhys na Serra de 9,4 km de extensão. No primeiro, o neozelandês divide a estrada em quatro setores e foca em outra especialidade sua, o drifting – Millen conquistou em 2008 o título mundial da modalidade.

A demonstração de derrapagens controladas enche a Serra com algo tão típico do local quanto os simpáticos quatis: fumaça branca. Dessa vez, porém, a neblina vem de *seis* jogos de pneus derretidos pelo piloto driftando nas 156 curvas do trajeto.

"Por absoluta coincidência, Pikes Peak também possui 156 curvas, mas em uma extensão de 20 km; aqui, são menos de 10 km, ou seja, a Serra do Rio do Rastro é mais de duas vezes *mais* sinuosa que Pikes", compara o neozelandês. "O desafio é dificílimo e por isso mesmo espetacular."

Na sexta-feira, neblina "de verdade" invade a Serra e complica os planos de Rhys. No Genesis com acerto modificado do drifting para velocidade pura, o piloto arrisca uma única tentativa de recorde. Com piso molhado e baixa visibilidade, crava o tempo de 8min33s867.

Millen traça o plano para o dia seguinte: "Temos que estar prontos para acelerar às 5h da manhã. Assim que o clima der uma mísera janelinha de tempo bom que seja, vou pra cima".

No sábado, a equipe madruga e o temperamental clima da Serra colabora. Com as 156 curvas já mais bem decoradas na memória, o neozelandês finalmente estabelece a marca de 7min17s898: a subida mais rápida da história da Serra do Rio do Rastro. A velocidade máxima do Hyundai Genesis no trecho, especialmente fechado para o trânsito normal pela polícia, supera os 220 km/h.

"Espero realmente que meu recorde se torne o embrião de um novo evento de subida de montanha – uma 'Pikes Peak brasileira', quem sabe", conclui o piloto. "O Brasil tem na Serra do Rio do Rastro algo realmente precioso nas mãos. Sempre adorei Pikes Peak, mas acho que agora tenho uma nova estrada favorita."

Os anos passaram, e nem Millen nem eu tampouco jamais retornamos à Serra do Rio do Rastro após aquele final de semana especial em 2010. Mas em Pikes Peak em 2013, vejo o recorde de Rhys ser pulverizado pelo *Monsieur Sympathie* Sébastien Loeb.

A Peugeot havia se retirado das competições em Le Mans, o grupo PSA tinha Loeb sob contrato após nove títulos com a Citroën no WRC, e o francês havia se aposentado do Mundial de Rali. O que fazer?

Simples: espremer o V8 turbodiesel de 875 cv do antigo 908 de endurance em uma bolha de 208, e inscrever Loeb na "*Race to the Clouds*" ("Corrida até as Nuvens"), apelido que a Pikes Peak Hill Climb traz desde sua primeira edição em 1916. Somente as 500 Milhas de Indianápolis existem há mais tempo, no universo motor norte-americano.

O carro era tão rápido – 0 a 100 km/h em 1,8 segundo – que o chefe de equipe Bruno Famin instalou uma garrafa de oxigênio para Loeb a bordo. "Assim garanto que ele só vomite *depois* de cruzar a linha de chegada." Nas 156 curvas de Pikes Peak, Loeb cravou a marca de 8min13s878, mais de um minuto e meio abaixo do recorde anterior de Millen.

Infelizmente, duvido que algum dia o recorde do neozelandês na Serra do Rio do Rastro seja quebrado...

P.S.

Rhys Millen sugeriu, os governos locais demonstraram entusiasmo, mas, como sabemos, a Serra do Rio do Rastro não virou uma Pikes Peak brasileira nos dez anos seguintes.

Tivesse virado, não tenho dúvidas de que, transcorrida uma década, um evento internacional de grande relevância poderia estar consolidado, atraindo pilotos, equipes e turistas do mundo inteiro. O impacto visual e o desafio técnico da pilotagem na Serra são excepcionalmente únicos.

O Brasil ainda tem muito a aprender sobre como promover o turismo em suas paisagens incríveis.

27
(QUASE) 300 KM/H... NA MARGINAL TIETÊ!

De carona com "Little Al" no biposto
da Fórmula Indy

"Bateu Al Unser! Bateu Al Unser!", se esganiçava Luciano do Valle, narrando a última volta das 500 Milhas de Indianápolis de 1989, ano da primeira vitória brasileira na maior corrida do mundo. No instante anterior, Emerson Fittipaldi tocara rodas com Al Unser Jr. a três curvas do fim, jogando "Little Al" contra o muro e se tornando um herói para este escriba então com sete anos (não lembra dessa chegada espetacular? Já para o YouTube: +Emerson +Unser +1989).

A partir dali e pelos anos seguintes da minha infância, Al Jr. foi o piloto que mais odiei, basicamente porque ele tinha o mau hábito de vencer a maioria dos seus confrontos diretos contra Emerson, especialmente em sua dominante temporada de 1994.

O tempo passou. Eu me tornei um jornalista especializado em automobilismo que não mais ama ou odeia piloto algum, e Al Unser Jr. tornou-se... Bem, após vencer uma longa batalha contra o alcoolismo,

Little Al, agora alguns (OK, muitos) quilos mais rechonchudo, pilota um dos bólidos de dois lugares da Fórmula Indy, e só não pode ser chamado de "Big Al" porque esse é o apelido de seu pai, o ainda mais lendário Al Unser Sr.

Por fora, o Dallara 1999 no qual embarcarei tem as cores do carro de Bia Figueiredo, que logo me explica o porquê de eu ter de andar de passageiro com um senhor de 49 anos e ex-alcoolista, em vez de um(a) piloto(a) jovem e em atividade: "A Indy não permite que pilotos participando do campeonato dirijam o carro de dois lugares. Isso serviria como um treino extra para nós".

Em outras palavras, o que Bia está dizendo é que o Indy de dois lugares anda "de verdade", fazendo uso de todos os seus 650 cv.

Como em uma linha de montagem, assino o documento isentando a IndyCar de qualquer responsabilidade caso Little Al nos espatife contra o muro, visto macacão, luvas, balaclava e capacete, e me preparo para entrar no carro de... Davey Hamilton! Sim, na operação de precisão quase militar que são as voltas no Indy de dois lugares, acabei sendo designado para o outro carro – são apenas dois mesmo, no total.

Hamilton não tem o pedigree de Little Al, em parte por sua promissora carreira ter sido interrompida em 2011 por um acidente tenebroso no oval do Texas, que esmigalhou suas pernas em dezenas de pedacinhos (não lembra dessa também? +Davey +Hamilton +crash no YouTube). Para piorar, o carro de Davey está com problemas de embreagem, e ele não pode acelerar para valer.

Bradando ser repórter de uma conceituada revista, reclamo com o gringo responsável e... consigo a volta com Unser, sendo assim a única pessoa a experimentar ambos os carros no Circuito do Anhembi.

Se a volta com Hamilton foi emocionante, o rolê com "Pequeno Grande Al" é de gritar de felicidade embaixo do capacete. O que mais impressiona nas primeiras curvas é a aderência do carro – graças aos aerofólios imensos e aos largos pneus slick, o Dallara anda como que sobre trilhos, sem desgarrar ou inclinar o chassis em um mísero grau nas curvas, dando até a falsa impressão de estar "devagar".

Basta chegar no retão de 1,5 km da Marginal Tietê, porém, para essa impressão se desfazer. Unser vai jogando as marchas para cima a mais de 10 mil giros, cada troca rápida e seca jogando minha cabeça para a frente e para trás com o tranco, até chegar em sexta.

260, 270, 280... Exatos 289 km/h no momento da freada para o grampo que leva para o Sambódromo. O capacete Bell em volta do meu crânio possui uma espécie de spoiler no queixo para gerar pressão aerodinâmica para baixo, mas é inútil: a sensação é de que minha cabeça vai ser arrancada para cima pelo vento.

"Isso não acontece com os pilotos na corrida", explica Al. "Essa sensação acontece no carro de dois lugares porque sua cabeça fica mais alta que o normal, muito exposta ao vento."

BLAM-BLAM-BLAM-BLAM, vêm as reduções em sequência até cairmos para segunda e começar tudo de novo na reta do Sambódromo. O piso de concreto vira asfalto na entrada para o "S do Samba", e a ondulação, motivo de reclamações constantes do campeão Dario Franchitti, faz a cabeça novamente chacoalhar com força.

Voltamos para os boxes. Segundo Unser, pelo peso extra do chassi estendido e do passageiro (significativos em um carro que pesa apenas 700 kg), o Indy de dois lugares vira cerca de dez segundos mais lento do que os 1min21s895 cravados por Will Power para conquistar a pole position da São Paulo Indy 300. Para Unser, um dos melhores circuitos de rua do calendário.

"A pista aqui é fantástica por proporcionar muitas ultrapassagens, o que é raro em um traçado de rua", diz o bicampeão da Indy (1990/1994) e das 500 Milhas (1992/1994). "Fora o fato de os torcedores aqui serem incríveis. Nunca vi um público inteiro permanecendo mais de três horas embaixo de chuva esperando por uma relargada. Vocês brasileiros realmente gostam de corridas..."

Gostamos mesmo.

P.S.

O rolê com Al Unser na saudosa São Paulo Indy 300 foi minha segunda experiência andando como passageiro em um Indy. Em Long Beach em 2006, andei de carona no biposto da então CART/Fórmula Mundial, que tinha um detalhe interessante: um botão para o passageiro acionar caso estivesse passando mal e quisesse que o piloto tirasse o pé.

A inscrição no botão, no original: "I'm shitting my pants".

TRIAL NO VIDIGAL

28

O maior piloto de moto trial estilo livre do mundo vê o mundo de cabeça para baixo na recém-pacificada comunidade carioca

Para a maioria dos milhões de turistas que visitam o Rio anualmente, a ideia de ir até o topo da favela do Vidigal, até pouco mais de seis meses atrás, pareceria insana.

Encravado no sopé do Morro Dois Irmãos, com acesso direto à Rocinha por uma trilha no meio da floresta, o Vidigal foi, durante anos, "território" do Comando Vermelho – e qualquer carioca com bom senso sabia o que isso significava.

O domínio do tráfico no local sonegava aos turistas aquela que é considerada uma das vistas mais belas da Cidade Maravilhosa. Com seus 533 metros de altura separando Leblon de São Conrado, o Dois Irmãos oferece um visual a perder de vista: Lagoa, Ipanema, Pão de Açúcar e Corcovado estão no campo visual do topo da comunidade.

A situação começou a mudar em 13 de novembro de 2011, quando, em poucas horas, um largo contingente da Polícia Militar carioca, apoiado por dezoito blindados, invadiu simultaneamente o Vidigal e a Rocinha. Em fevereiro passado, a implementação no Vidigal de uma UPP (Unidade de Polícia Pacificadora) completou o processo de pacificação e reintegração da comunidade de 13 mil pessoas ao dia a dia da metrópole de 6,3 milhões de habitantes.

"Sem dúvida o sentimento de segurança agora é muito maior, sem traficantes armados espalhados pelo morro, mas para mim a maior diferença após a pacificação foi o trânsito", explica o designer gaúcho Jorge Nasi, sócio dos famosos restaurantes Favela Chic em Londres e Paris e que escolheu o Vidigal como sua base no Rio de Janeiro em 2010 (basta uma olhada na vista da janela da casa de Nasi, exatamente no ponto mais alto do morro, para compreender a escolha).

"Antes, as pessoas de fora tinham medo de entrar aqui. Agora é um fluxo que não para e oxigena toda a economia local com turistas, trabalhadores, artistas... O Vidigal renasceu." Sem medo de exagerar, o repórter do SporTV Gabriel Moojen, também gaúcho e visitando conosco a casa de Nasi, arrisca: "Daqui a vinte anos, o Vidigal vai ser para o Rio o que o SoHo é para Nova York, repleto de artistas e ateliês".

Esse novo fluxo de fora para dentro da comunidade atrai também um visitante dos mais inusitados: o piloto de moto trial freestyle Julien Dupont, francês de 32 anos.

Modalidade popular na França mas praticamente desconhecida no Brasil, o trial consiste na transposição de obstáculos com uma moto procurando sempre, a qualquer custo, evitar tocar os pés no chão. A fórmula gera movimentos que a maioria das pessoas imaginaria serem impossíveis de executar sobre duas rodas.

Nascido em Lyon, Dupont é considerado o melhor piloto do mundo na vertente freestyle – ou seja, que explora espontaneamente obstáculos naturais, em vez de percorrer circuitos pré-construídos – do moto trial.

"A ideia de andar com minha moto em um cenário típico de favela brasileira sempre me intrigou", admite o francês. "Para mim, um lugar como o Vidigal é quase um parque de diversões: paredes, muros e telhados por todos os lados, oferecendo uma infinidade de possibilidades de saltos e manobras."

Dupont só não trouxe sua moto GasGas de 300 cilindradas e 50 cv (sem assento, como é típico no trial) para o Brasil antes por temer a violência nas favelas cariocas.

"Quando disse para meus amigos na França que estava indo para o Rio andar dentro de uma favela, todos me chamaram de louco", sorri. "Mas aqui posso ver que é perfeitamente seguro. Sem contar a vibração e o carinho das pessoas. Nunca vi nada igual."

Sim, pois, ao longo de três dias no meio de abril, Dupont altera a rotina do morro. O próprio Jorge Nasi é surpreendido às 6h15 de uma manhã ensolarada. "Minha casa está muito distante da única rua que sobe o Vidigal, então nunca escuto nenhum tipo de ronco de motor por aqui. Até que, de repente, ouvi uma moto acelerando. Fui até a janela e vi o tal Julien pulando do telhado de um vizinho para o do outro!"

As crianças da comunidade parecem hipnotizadas pelos saltos improváveis de Dupont entre becos e encostas. Para o líder comunitário e ator William Santos, conhecido localmente como "Shakespeare" por suas atuações no teatro (e em pequenas participações em filmes nacionais de grande expressão, como *Meu Nome Não é Johnny*), Dupont não é meramente um piloto de moto.

"Acompanhei o Julien andando de moto dentro do Vidigal por dois dias inteiros e posso afirmar: o que ele faz não é um esporte. É arte pura."

Encantado com a recepção que recebeu, Dupont só demonstra frustração por, após dois dias e meio à procura de um local adequado, não ter encontrado um único ponto que possibilitasse a realização de sua manobra favorita: o *backflip*, ou salto mortal para trás.

A angústia dura até o finzinho do seu terceiro e último dia no Vidigal. Descendo morro abaixo após o almoço, o francês subitamente freia e bloqueia todo o trânsito, já que a estrada principal da comunidade é, em vários pontos, estreita demais para permitir ultrapassagens. Julien foca o olhar em uma encosta concretada que parece oferecer o ângulo ideal para um *backflip*.

Ajudo Dupont a juntar algumas tábuas e improvisar uma rampa de lançamento. O motor de dois tempos ronca forte, e as dezenas de curiosos próximos que foram se aglomerando durante a montagem da rampa prendem a respiração quando a GasGas de apenas 67 kg, mas com um francês de 80 kg a bordo, decola e começa a girar sobre seu próprio eixo horizontal no ar.

Julien e a moto completam 360 graus de rotação e aterrissam... de um jeito completamente errado. O francês cai com força sobre a rampa de lançamento, e a moto desliza vários metros encosta abaixo. Segundos depois, Dupont levanta, ainda tonto. O povo aplaude. Foi só um susto.

"Se eu tivesse completado a manobra, provavelmente teria sido o *backflip* mais incrível da minha carreira", confessa, mesclando sorrisos de satisfação pela ousadia com caretas pela dor da queda. "O pior é que caí de bunda. Vou ficar com o traseiro inchado como o de uma sambista brasileira nos próximos dias..."

Dor e sofrimento: como qualquer outro artista, Julien Dupont também passa por esse processo para criar suas obras-primas.

P.S.

Queríamos muito captar Dupont fazendo um *backflip* no Vidigal, teoricamente "pacificado" naquele ano de 2012. Procuramos várias localidades por quase toda a comunidade, e o francês não se convenceu da viabilidade de nenhuma delas.

Quando finalmente encontramos a tal encosta concretada, Julien topou a ideia em um primeiro momento, mas, à medida que montávamos a rampa, parecia menos e menos convicto sobre a possibilidade de "flipar" ali.

Eis que, do nada, surgiram duas turistas espanholas belíssimas, que pararam para observar o que estávamos fazendo. Pelo menos uma delas deveria ter algum conhecimento de esportes radicais, pois bateu o olho na rampa e perguntou para Dupont, em inglês perfeito: *"Are you trying to do a backflip?"*.

Foi o que bastou para convencê-lo.

29
CHUTANDO O BALDE

Saí por São Paulo cometendo o maior número de infrações possível a bordo de um carro sem placas – de quanto tempo o longo braço da lei precisa para me alcançar?

"O maior estímulo para cometer faltas é a esperança de impunidade."
Cícero

Fato 1: O Citroën C3 modelo 2009 não emplacado, deixado pela montadora francesa para ser avaliado pela *Car and Driver Brasil*, já estava circulando pelas mãos da redação há algumas semanas e nenhum motorista havia reportado problemas por transitar sem as placas.

Fato 2: Morando há dois anos em São Paulo, zanzando todos os dias de carro ou moto, este repórter jamais havia sido parado por qualquer tipo de fiscalização de trânsito, tampouco tido os documentos seus ou do carro solicitados em alguma blitz.

Fato 3: Colaboradores freelancers são sempre a melhor opção quando alguém da redação idealiza alguma pauta com certa (ou, mais provavelmente, grande) probabilidade de encontros com os homens da lei.

Eis a versão curta de como me achei em uma segunda-feira de calor senegalesco em São Paulo, percorrendo as ruas perenemente congestionadas com uma missão inglória: cometer o maior número possível de infrações de trânsito, com o intuito científico de avaliar a eficiência da fiscalização nas ruas da maior metrópole do continente.

Mero exercício de terrorismo sobre rodas? Não: no Brasil ou em qualquer país do mundo, a obediência às leis, de trânsito ou não, será diretamente proporcional à expectativa que cada cidadão tem de que as infrações serão punidas. É esse traço do comportamento humano que explica, por exemplo, por que cidades de primeiro mundo não necessitam de catracas no metrô para impedir que as pessoas andem sem pagar. Se a punição não vem, o incentivo à transgressão só faz aumentar.

Na redação, as opiniões eram unânimes: eu terminaria o dia na cadeia. Discordei veementemente, um mecanismo de defesa natural para qualquer "frila" com abundância de vermelho no extrato bancário e, portanto, impossibilitado de recusar pautas. Por via das dúvidas, fiz meu testamento, caso não resistisse às agruras de Bangu I e meus bens de valor tivessem de ser repassados: o iPod Nano ficaria com meu vizinho, e meu cacto, com o zelador do prédio.

O "Dia de Fúria" simulado teve início na sede da Editora Escala, no bairro do Limão, exatamente às 12h10 de uma segunda.

12h15: a primeira parada com o C3 sem placas (carros novos podem circular sem as chapas por no máximo três dias, prazo há muito decorrido em nosso caso) foi em um posto na Avenida Sumaré para aquisição de uma útil companheira em tarde tão calorenta: uma bojuda lata de cerveja de 600 mL, colocada bem à vista no porta-copos dianteiro do Citroën.

12h23, Higienópolis: na esquina das ruas Itambé e Piauí, bloqueio completamente a faixa de segurança utilizada pelas centenas de alunos na movimentada saída do Colégio Mackenzie, bem defronte a uma base comunitária da Polícia Militar povoada por três PMs. Pior: a infração é cometida por duas vezes – na primeira tentativa, o fotógrafo Cláudio Teixeira não ficou suficientemente satisfeito com o teor da muvuca gerada por minha barbeiragem. "Toca o horror aí, rapaz", reclamou no rádio.

Dever cumprido, a julgar pelos olhares raivosos e xingamentos dos alunos atrapalhados em sua travessia. Completo a performance usando o velho truque do pisca-alerta – que, para muitos motoristas paulistanos, parece colocar seu usuário acima de qualquer lei de trânsito – para estacionar por cinco minutos em fila dupla na Rua Itambé. Nessa, sou imitado por vários outros pais e mães à espera de seus pimpolhos.

12h38, Avenida 23 de Maio: após alguns minutos de inevitável congestionamento, chego a uma das principais artérias paulistanas. O celular toca: atendo acintosamente, com a janela aberta. O calor aperta: solto o cinto e, subitamente, a cerveja no console, estupidamente gelada, parece atraente. Assim – falando no celular com a mão esquerda, sem cinto e segurando o latão com a mão direita no volante – percorro a 23 do Ibirapuera até o aeroporto de Congonhas, onde faço o retorno para voltar até o Parque. Cerca de 16 imperturbados quilômetros ao todo.

13h05, Rótula do Ibirapuera: a impunidade aumenta a ousadia do infrator: ainda sem cinto, saco o braço para fora da janela, expondo a cerveja enquanto guio com uma mão só. Repetidas voltas no entroncamento da Avenida 23 de Maio com a Avenida Brasil, exatamente ao lado da sede do Detran-SP, têm como única consequência cãibras no ombro esquerdo, de tanto segurar a lata nessa posição forçada.

13h20, Parque do Ibirapuera: se a montanha não vem até Maomé, é hora de barbarizar na cara do gol. Dentro do Parque do Ibirapuera, em um estacionamento praticamente vazio, paro justamente na vaga para deficientes, bem em frente a uma fiscal da CET. Célere, desço do carro segurando a cerveja em uma das mãos.

"Senhor, você não tem o selo 'DeFis'", alerta a fiscal, apontando para o para-brisa do C3.

"Só vou até ali rapidinho e já volto", arrisco, gesticulando com a lata de "pão líquido" na mão.

"Desculpe, mas sem o selo 'DeFis' o senhor não pode parar aqui."

Com expressão relutante, arranco, sem ouvir menção alguma à cerveja ou à falta de placas no Citroën.

13h45, Avenida Ibirapuera e Avenida Santo Amaro: buzinadas e fechadas de motoristas de ônibus são a regra quando opto por percorrer a Avenida Ibirapuera até a Avenida Bandeirantes sem sair do corredor de ônibus, tônica que se repete ao sair da Bandeirantes para a Avenida Santo Amaro e, nela, ir até o bairro de Santo Amaro, depois retornar até o Itaim Bibi sem sair da faixa "preferencial". Sinto-me como um xeique árabe, possuidor de minha própria via expressa, incólume ao caos do trânsito paulistano.

14h25, Avenida Roberto Marinho: em frente ao mais novo cartão-postal da Manhattan dos Trópicos, a Ponte Estaiada Octavio Frias de Oliveira, uma conversão ilegal à esquerda com sinal vermelho parece tentadora demais. Novamente a pedido de Teixeira, repito a manobra três vezes. Na segunda e na terceira, o inevitável: vários carros que vêm atrás testemunham o "gato" e, já certos da impunidade, juntam-se a mim no time dos joão sem braço.

14h40, Avenida Luís Carlos Berrini: agências bancárias não faltam ao longo dessa avenida, um dos centros nervosos da economia nacional. O problema: as opções de estacionamento oferecidas pelos bancos variam do inexistente ao exorbitantemente caro. Indisposto a pagar 20 reais pela primeira meia hora para fazer um reles saque, jogo o C3 em cima da calçada. Alguns pedestres expressam seu descontentamento com menções à Dona Helena (minha mãe), mas nada além disso acontece enquanto saco alguns reais e checo meu extrato.

14h50, Marginais Pinheiros e Tietê: acelerar a mais de 100 km/h ao longo das marginais é tudo o que me resta para voltar à redação a tempo. Na teoria, a falta de placas do C3 me tornaria imune aos radares. Na prática, ainda que o Citroën chegue a atingir 137 km/h logo após a Ponte do Jaguaré, o trânsito caótico me impede de fazer a experiência de exceder os limites de 60 km/h (nas pistas locais) e 90 km/h (nas expressas) diante dos radares que infestam as duas principais vias de São Paulo.

Depois de muito trânsito, estou de volta à redação precisamente às 15h30, exatos duzentos minutos após a partida. Nesse meio-tempo, minhas infrações teriam somado quarenta pontos (o suficiente para ter a carteira de habilitação suspensa duas vezes e torpedear minha conta bancária em alguns milhares de reais), caso tivessem sido coibidas. Nenhuma foi.

Mas, ironia das ironias, já no retorno para casa, de moto, sou parado por uma dupla de PMs: o selo do Inmetro em meu capacete havia caído. O policial me repreende (cortesmente), mas não me multa depois que mostro o selo interno do capacete, intacto.

O importante é que minha "invencibilidade" à fiscalização em terras paulistanas finalmente chegara ao fim – ou seja, nem tudo está perdido para os cidadãos de bem.

30
SE BEBER, VÁ À TAILÂNDIA

Um rolê de *tuk-tuk* pela noite de Bangkok

"Ele agora pertence a Bangkok – e a cidade nunca mais vai deixá-lo sair", diz o tatuador maluco no filme *Se Beber Não Case 2*, explicando para os personagens principais que a procura por Teddy, o irmão da noiva de Stu, será inútil.

Terminando minha cerveja Chang em um botequim pé-sujo em Patpong, o maior *red light district* do mundo, no coração de Bangkok, tendo a concordar com Tattoo Joe. Demarcando as ruas cheias de luminosos coloridos, centenas de asiáticas com salto plataforma e minissaia, olhando fundo no seu olho sempre com um sorriso, oferecem, em inglês cheio de sotaque: "*Massage? Massage?*". Rondando as mulheres, também nas calçadas, homens tailandeses parecem sempre atentos a uma... oportunidade. E turistas bêbados costumam ser ótimas oportunidades.

A noite quente começara um pouco mais glamorosa, é verdade, com visitas a outros clássicos da noite bangkokiana. Primeiro, uma luta de *muay thai* no Lumpini Stadium, onde 5 mil fanáticos se aglomeram em torno do ringue em um estádio sem ar condicionado, apostando freneticamente nos doze combates da noite. Diz-se que o Lumpini serviu de inspiração para a arena do filme *O Grande Dragão Branco*, clássico dos anos 1980 com Jean-Claude Van Damme. Não vejo motivos para duvidar.

Foi o Lumpini que me levara a Bangkok. Nos dez dias anteriores, vivi internado na academia Fairtex, em Pattaya, vivendo a rotina de um lutador de *muay thai* profissional. Ao final do período, meu treinador, Man Salawud, iria lutar no Lumpini. Tive a honra de ser um dos convidados para fazer parte de sua equipe de apoio.

Só que Man perdeu, e a noite de comemoração derivou para uma jornada de afogamento de mágoas para o pessoal do Fairtex.

Do Lumpini (onde preferi recusar o petisco preferido dos fãs de luta, uma cumbuca de insetos fritos) tomo um táxi para outro cenário hollywoodiano: o Sky Bar, no 64º andar do State Tower Building. Em *Se Beber Não Case 2*, é daqui que Phil (Bradley Cooper) avisa Tracy que, mais uma fez, eles fizeram cag@da.

Do alto do Sky Bar, Bangkok parece inofensiva – e incrível, com seus arranha-céus iluminados cortados pelo Rio Chao Phraya. O público aqui é interessante, mas 100% estrangeiro, ou *farang*, como dizem os tailandeses, que não pagariam os 30 reais por uma dose de uísque cobrados no Sky Bar nem que Buda os obrigasse. Mas é nos bares de terraços, uma especialidade local, que a noite de Bangkok começa para os *farang* – e para "as" *farang* também. Dois Chivas e 60 reais depois, é hora de conhecer a verdadeira noite dessa megalópole de 12 milhões de pessoas.

De volta ao chão, basta caminhar meia dúzia de quadras a partir da State Tower para chegar à Silom Road, principal artéria de Patpong. Fazendo uso dos serviços das massagistas locais (reforçadas por vietnamitas e cambojanas que migram para a Tailândia para ganhar a vida), frequentadores variados. Europeus cinquentões, mochileiros de várias partes do mundo e tailandeses com cara de mafiosos sentam nos bares para tomar uma cerveja com suas companhias temporárias, enquanto decidem como – e por quanto – darão continuidade à noitada. O cenário todo lembraria o Baixo Augusta, em São Paulo, se o Baixo Augusta se estendesse por uns cinco quarteirões quadrados em vez de meia rua.

Minha caminhada é interrompida por um tailandês baixinho (todos os tailandeses são baixinhos), parado ao lado do seu *tuk-tuk*, o triciclo que é o meio de transporte onipresente na cidade. "*Want to see sex show?*", ele pergunta. Horas antes, folheando meu guia *Fodor's* da Tailândia durante o almoço, havia lido um aviso claro: "Em Bangkok, fique longe de motoristas de *tuk-tuk* oportunistas, que oferecerão corridas a preços baixíssimos, mas que em troca o obrigarão a ir aos lugares que os patrocinam".

"*Sex show?*", insiste o tailandês. Diabos, a cara dele é realmente simpática.

"Quanto pela corrida?", pergunto.

"20 *bahts*", ele responde. Exatamente 1 real.

"OK, vamos lá."

Subo no *tuk-tuk*, e meu motora começa a acelerar pelas ruas molhadas de Patpong. Seu nome é Michael, ele diz.

"Michael de quê?"

"Michael Schumacher."

Não é o que diz na licença (Thin Rungroj é seu nome verdadeiro), mas Michael realmente demonstra uma habilidade schumacheriana para cruzar becos estreitos e sujos e me deixar em frente a um inferninho sem nada escrito na porta – segundo o *Fodor's*, os shows de pompoarismo, um clássico absoluto de Bangkok, são ilegais e perigosos.

Dentro do buraco, meus 1 mil *bahts* (50 reais) de entrada dão direito a um uísque nacional (horrível) e a um lugar ao lado de um alemão forte de uns cinquenta anos, com uma tailandesa em seu colo com cara de Camila Pitanga oriental.

"Venho para a Tailândia três vezes por ano já faz uns dez anos", diz Oliver, o "alemão", que na verdade é de Luxemburgo. "Até uns sete ou oito anos atrás as tailandesas ainda ficavam com você por amor. Hoje todas querem dinheiro, mas mesmo assim vale a pena. Estou pagando 2 mil *bahts* pela Lalana aqui", continua, apontando para a morena em seu colo. "50 euros, acredita?! Nos conhecemos hoje. Ela é recepcionista do meu hotel."

Oliver também parece simpático, mas nossa conversa é interrompida pelo começo do show. Uma tailandesa com um corpo de quem já viveu dias melhores sobe no palco iluminado por uma luz vermelha e, ao som de "I Kissed a Girl", de Katy Perry, baixa a calcinha.

Em seguida, se senta no palco e faz algo que, caso eu não tivesse visto com meus próprios olhos, jamais acreditaria: tira um barbante de dentro da vagina e começa a puxá-lo para fora. Com ele vêm uma, duas, três, quatro... 21 giletes ao todo. "Só podem estar cegas", comento com meu novo amigo Oliver. Ele concorda por um instante, e no segundo seguinte a dançarina pega as mesmíssimas giletes e estraçalha uma revista de umas cem páginas no palco.

"Man, I Feel Like a Woman", de Shania Twain, sucede Katy Perry nos alto-falantes, e outra tailandesa quarentona sobe ao palco, agora para, com uma zarabatana, estourar balões com precisão olímpica. É praticamente uma seleção tailandesa do pompoarismo se apresentando em sucessão, música após música: uma que apaga um bolo de aniversário com 25 velinhas, outra que enche duas garrafas de Pepsi com um líquido negro que eu espero que realmente seja Pepsi, mais outra que atira bolinhas de pingue-pongue em um balde do outro lado do palco, a uns 5 metros de distância, e finalmente uma que usa um pincel atômico estrategicamente posicionado para rabiscar o desenho que abre esta reportagem na revista MAXIM.

Desinibido pelo uísque, corro atrás da "desenhista" até o banheiro imundo que serve de camarim. A luz fluorescente do banheiro revela os rostos das pompoaristas, todas ex-prostitutas já velhas demais para exercer a antiga profissão.

"Quanto pelo desenho?"

Os 100 *bahts* pedidos equivalem a 5 reais. Saindo do banheiro, a menina da gilete está se preparando para novamente subir ao palco, reiniciando o ciclo para os turistas.

Aceno adeus para Oliver e reencontro Michael Schumacher do lado de fora. O show foi interessante, digo, mas gostaria de ver tailandesas bonitas agora. "*No problem!*" Dez minutos depois, estamos na porta do Jasmine. "As melhores mulheres de Bangkok!", garante.

De fato, entrando – de graça, como em todas as casas de massagem tailandesa – no Jasmine, com suas paredes de granito, sou obrigado a concordar. Tal como é tradição no país, o "modelo de negócio" consiste em uma espécie de arquibancada, com três lances de degraus, em que as "massagistas" sentam e ficam flertando com os clientes, a maioria russos com jeito de executivos, na noite de hoje. Cada menina é identificada por um número, como se fosse uma participante de um quadro do *Topa Tudo por Dinheiro*.

Mas, em vez de Silvio Santos, quem comanda a ação por aqui é Nok, a cafetina com mais cara de cafetina oriental possível – cinquentona, cabelo preso em um coque e corpo gordo disfarçado por um longo vestido negro. As massagistas são cerca de 25 ao todo, quase todas bonitas e altas, com porte de modelo. Segundo Nok, todas são universitárias e fazem massagens apenas como um "hobby", para complementar a renda.

"Basta escolher um número, e qualquer uma das meninas ficará muito contente em acompanhá-lo até o seu hotel", garante a cafetina. Aqui, o preço do final feliz é mais alto: 5 mil *bahts*.

Reencontro Michael do lado de fora com meu bloquinho e máquina fotográfica na mão. "Só fotos e anotações, e nenhuma menina?", reclama. Terminantemente convencido de que não permaneci no Jasmine por falta de opções, ele me leva à sua casa preferida, a Superstar.

Um tailandês de óculos e cabelo repartido para o lado é o gerente que me recebe. Seu nome, ao menos quando ocidentais perguntam, é Jackie Chan. De fato, a semelhança com o ator de filmes de *kung fu* é vaga o suficiente.

Na Superstar, ao contrário da Jasmine, as "arquibancadas" são duas: uma com vidro, como se fosse uma vitrine, e a outra sem. A diferença é que as garotas atrás da vidraça são massagistas em tempo integral. "Elas batem cartão, têm de trabalhar no mínimo oito horas por dia", diz Jackie. As garotas que trabalham meio período, normalmente universitárias e secretárias bilíngues que usam a noite para ganhar um extra, podem abrir mão do confinamento.

Sigo minha investigação sobre o mercado: dos 5 mil *bahts* que se paga para a garota, somente mil vão para ela. Os outros 4 mil – sim, *80%* – vão para a casa. "Temos de pagar quarto, manutenção, impostos...", reclama Jackie. "Maldito governo." A Superstar tem um staff de 150 meninas e atende em média a 250 clientes por noite (quase dois por massagista, portanto. Lembre bem disso antes de pensar em escolher um número). Aqui, a clientela é predominantemente árabe: muçulmanos que aproveitam a distância dos mulás e aiatolás para soltar a franga.

Jackie garante que suas meninas fazem teste de aids a cada quinzena. "Gastamos 300 mil *bahts* por mês só com isso", resmunga novamente o capitalista selvagem do sexo. Pergunto se a prostituição é legal. "Na Tailândia não se pode vender sexo, mas se pode vender massagem", sorri, no melhor jeitinho brasileiro-tailandês. Pensando bem, com suas florestas tropicais, praias exuberantes, gosto pelos esportes de luta e profusão de travestis (aqui chamados "ladyboys"), a Tailândia realmente pode ser considerada o Brasil da Ásia.

Saio novamente e lá está Michael, ainda esperando pacientemente, apesar de o relógio marcar mais de 3h da manhã. Inacreditavelmente, ele topa minha proposta para me deixar assumir o comando do *tuk-tuk* no trajeto até o hotel. Não é uma tarefa simples: o acelerador é na mão direita como em uma moto, mas a embreagem é acionada via pedal com o pé esquerdo. O freio fica no pé direito.

Depois de alguns momentos de hesitação, porém, meu cérebro compreende o processo a ponto de Michael começar a gritar do banco de trás, em tom desesperado: "Devagar, devagar!".

Felizmente para ele, um temporal tropical começa, e paro no primeiro boteco aberto – andar de *tuk-tuk* na chuva é como pular em uma piscina. Peço uma Chang e pergunto se Michael também quer uma cerveja.

"Não, não", ele responde em seu inglês claudicante. "Eu não álcool e não cigarro. Eu único vício sexo."

P.S.

Ser um "Repórter à Solta" por mais de uma década me proporcionou grandes momentos pelos autódromos, trilhas de rali e outros eventos automotivos do mundo, mas trouxe também experiências fora do universo motor igualmente fascinantes. Uma delas foi o período no Fairtex, em que segui o mesmo (brutal) regime de treinos dos profissionais de muay thai da lendária academia. Em dez dias, perdi quase 4 kg.

Antes de deixar a Tailândia, consegui pôr em prática o que havia aprendido com Man Salawud e os demais treinadores do Fairtex: em Koh Phi Phi, espécie de Fernando de Noronha tailandesa, a bebida mais popular nas baladas é um baldinho de plástico em que se despejam 200 mL de uísque, uma lata de Coca-Cola, uma garrafinha de Krating Daeng – o tônico local cuja fórmula, adaptada para o Ocidente, virou o "nosso" Red Bull – e bastante gelo.

No centro da ilha, o Reggae Bar atrai turistas oferecendo um baldinho cheio de graça para qualquer um que suba no ringue e encare o lutador de muay thai local durante um round inteiro de três minutos sem ser nocauteado. Tenho algum orgulho em dizer que durei 2min50s.

Mas os detalhes dessa e de outras estórias menos motorizadas ficam para o próximo livro.

Esta obra foi composta em Utopia Std 11 pt e impressa em
papel Offset 75 g/m² e Couche 115 g/m² pela gráfica Lis.